El Gozo del AMOR Comprometido

Tomo I

El Tomo I
Gozo
del
AMOR
Comprometido

Gary Smalley

GRUPO NELSON
Una división de Thomas Nelson Publishers
Desde 1798

NASHVILLE   DALLAS   MÉXICO DF.   RÍO DE JANEIRO   BEIJING

EL GOZO DEL AMOR COMPROMETIDO - TOMO 1

© 1986 EDITORIAL CARIBE
P.O. Box 141000
Nashville, TN 37214-1000

Publicado originalmente en inglés con el título de
IF ONLY HE KNEW
Copyright © 1979 por Gary T. Smalley
Edición revisada, copyright © 1982 por
The Zondervan Corporation
Grand Rapids, MI, E.U.A.

Versión castellana: Juan Sánchez Araujo

ISBN-13: 978-0-88113-123-9

Printed in U.S.A.

E-mail: caribe@editorialcaribe.com
20ª Impresión, 05/2009
www.caribebetania.com

Dedicatoria

A la mujer número uno en mi vida: Norma Jean; así como a nuestros hijos: Kari, Greg y Michael.

Agradecimientos

A aquellos que ayudaron con la primera edición:

Bonney Scott:
: Por su compromiso amoroso, que hizo posible que este libro se completara en el plazo previsto.

Robert J. Marsh:
: Por su visión y estímulo, cosas sin las cuales este volumen no se habría escrito hasta por lo menos tres años más tarde.

Los directores de R.M. Marketing:
: Por su valor al comprometer los recursos económicos que hicieron de nuestro sueño una realidad.

Harry Howard:
: Por coordinar la preparación del diseño y la producción física de este libro.

Al departamento editorial:
: Judy Baggett Thrasher y Linda Allen Fyke, por hacer posible que completáramos en dos meses un proyecto de dos años.

Las mecanógrafas:
: Anna Ruth Hart, Betty Snyder, Lisa Bland, Darlene Williams, Janet Perry y Denise Duck, por su empeño y diligencia en su labor.

Indice

Palabras de la esposa del autor

Trabajando continuamente con matrimonios, Gary y yo hemos llegado a una conclusión: no existe tal cosa como el problema único en su género. De hecho, la mayor parte de las parejas se sienten aliviadas al saber que sus dificultades son comunes a muchos otros matrimonios —si no a todos. Ya que los problemas conyugales pueden ser tan parecidos, si uno encuentra cierta solución que da resultado con varias parejas, por lo general es efectiva para la mayoría.

Por favor, ten la seguridad de que no eres el primer esposo en la historia de la humanidad que experimenta los problemas a los cuales te enfrentas personalmente. Los principios que Gary comparte en este libro, no sólo han hecho más satisfactorio nuestro propio matrimonio; sino que han tenido resultados parecidos en las vidas de innumerables parejas con quienes hemos trabajado. A medida que vayas aplicando estas reglas a tu relación, deberías comenzar a experimentar un matrimonio más profundo y fructífero.

Norma Smalley

Amando y comprendiendo a tu esposa

Antes de proponer a Gary Smalley que escribiera un "libro para hombres acerca del matrimonio", sabía que su material era bueno; pero no podía imaginarme cuánto significado tendría para mí personalmente. Después de todo, yo llevaba casi diez años casado y era un esposo poco más o menos "ideal" —por lo menos eso creía. Sin embargo, cuando comencé a trabajar con Gary en el material de este libro, se me hizo cada vez más claro que ni por asomo era un esposo de éxito. Estaba proveyendo a las necesidades materiales de mi esposa y para algunas de sus exigencias físicas, pero ahí terminaba todo.

A medida que iba profundizando en el contenido de este volumen, me fui dando cuenta de que durante años no me había percatado de muchas de las necesidades emocionales de mi esposa. Por bastantes años, ella había tenido que aguantar a un esposo cuya insensibilidad e indiferencia la obligaba a sufrir día tras día por no tener satisfechas de un modo amoroso sus necesidades más profundas. Estoy sumamente agradecido por todo lo que he aprendido durante los dos meses pasados. Finalmente, se me han abierto los ojos y veo a mi esposa como el individuo único y precioso que es en realidad. Voy a dedicar el resto de mi vida a llegar a ser el esposo que ella merece. El contenido del presente libro, no sólo me hizo comprender a mi esposa y sus necesidades; sino que también me proporcionó formas concretas de satisfacer estas últimas. Si recibes una décima parte del valor que yo he recogido de las páginas de este volumen, será éste el libro más valioso que hayas leído jamás acerca del matrimonio.

Steve Scott

1. Cómo alejar a tu esposa sin siquiera intentarlo

"Vosotros, maridos, igualmente, vivid con ellas sabiamente" (1 Pedro 3:7).

Al otro lado de la línea telefónica, una voz temblorosa dijo: —Tiene que ayudarme. Ella ha planteado una demanda judicial contra mí—. Jorge estaba recurriendo a mí para que le ayudara después de que su relación conyugal se encontraba ya hecha pedazos. —Llevamos casados más de veinte años, y ni siquiera me deja volver a casa. No acierto a creer que me trate de esta manera después de todo lo que he hecho por ella. ¿Puede usted ayudarnos a arreglar nuestra relación?

Antes de contestar a su pregunta, yo quería hablar con su esposa.

—No hay forma de que pueda hablar con Bárbara —dijo—. Ella no conversaría con usted. En cuanto diga que me representa de alguna manera, colgaría el teléfono.

—Hasta ahora ninguna esposa ha rehusado hablar conmigo —le aseguré—. No hay razón para que no viéramos si habría de ser ésta la primera vez. ¿Podría darme su número de teléfono?

Para ser sincero, con lo sombrías que parecían las cosas, me preguntaba de veras si no sería la primera esposa que no estaría dispuesta a hablarme acerca de su conflicto matrimonial. Pero mis dudas eran infundadas: estaba más que deseosa de discutir sus problemas.

—¿Qué sería necesario para que estuviera usted dispuesta a permitir que su esposo volviera a su vida? ¿Qué tendría que suceder antes de que intentara reconstruir una relación matrimonial con él? —esas eran las mismas preguntas que había hecho a otras muchas esposas las cuales pretendían que no querían que sus esposos volvieran.

Su respuesta fue típica.

—Me resulta imposible contestar a esa pregunta. Es el peor esposo del mundo; así que no pensaría en recibirle de nuevo. Ya no soporto más su personalidad ni sus hábitos insultantes —y añadió que el mandato judicial se haría cargo de él; terminando con un: "¡Sólo manténgale alejado de mí!"

Le pregunté amablemente si me podía decir qué cosas había hecho él que la hubieran ofendido. Cuando oí su respuesta, expresé: —Parece que no ha sido un esposo muy sensible ni muy tierno, ¿no es cierto?

De nuevo le pedí que hiciera un esfuerzo de imaginación y pensara acerca de los cambios que serían necesarios para que pudiera recibirle otra vez.

La mujer me dijo que había mucho que se podía mejorar. En primer lugar, el hombre era muy mandón y crítico con ella. Segundo: Intentaba con una garra posesiva controlar cada uno de sus movimientos. Tercero: Pisoteaba su sentido de dignidad propia ridiculizándola constantemente. Y cuarto: Aunque él siempre tenía tiempo para los negocios y otros intereses, pocas veces dedicaba ratos a escucharla. Además, por si esto no fuera bastante, la espiaba y no le dejaba ninguna libertad.

—Sin embargo, no se haga ilusiones —me dijo al final de nuestra conversación—; porque, pase lo que pase, seguiré adelante con el divorcio.

Cuando transmití aquellas quejas a Jorge, supe que había tocado algunos puntos sensibles. Entonces, el hombre se defendió acusándola a ella. Le dejé despotricar por un rato, y luego le pregunté: —¿Quiere que su esposa vuelva?

—Sí —contestó—; haría cualquier cosa para que así fuera.

—Magnífico. Yo siempre estoy dispuesto a trabajar con alguien que se halla preparado para reajustar su vida. Pero si no es usted totalmente serio, déjemelo saber ahora. No me gusta jugar. De nuevo volvió a comprometerse a cambiar; pero su compromiso no duró más allá de mi siguiente declaración.

—Vamos a tener que trabajar en su naturaleza dominante y posesiva, la cual muestra que usted no quiere verdaderamente a su esposa.

Jorge se irritó tanto y habló tan incansablemente, se defendió y luchó con tanto ahínco, que empecé a preguntarme si realmente se comprometería a hacer los cambios necesarios.

—¡En toda mi vida nunca he conocido hombre más belicoso y terco! —exclamé.

Apaciguado de repente, Jorge contestó: —Esa no es mi naturaleza;

por lo general soy más bien sumiso interiormente. Quizás esté poniendo una fachada, ya que realmente no soy una persona agresiva. Tengo la impresión de que todo el mundo me pisotea.

—No me parece que usted y yo estemos hablando de la misma persona —le respondí—. Si yo fuera su esposa no estoy seguro de que pudiera aguantar emocionalmente bajo su personalidad dominante.

Eso le detuvo lo bastante para que meditara con alguna seriedad sobre nuestra conversación. Después de hablar con sus amigos, e incluso de rogar a Dios que le ayudara a comprender, volvió a mi oficina capaz de confesar sus faltas y dispuesto a cambiar.

—Si usted realmente quiere amar a su esposa tiene que comenzar ahora mismo, en la vista del divorcio —expresé. Al hablar del asunto, mencionó que necesitaba conseguir un abogado, ya que ella tenía uno.

—No —le advertí—; si quiere lograr que vuelva, ha de olvidarse del abogado en este momento (no siempre recomiendo esto, pero en vista de sus antecedentes personales, yo sentía que Jorge tendría una mayor posibilidad de volver a conseguir el amor de su esposa sin asesor legal).

—¡Está usted loco! —dijo él— ¡Me sacará hasta el último centavo!

No obstante, sintiéndose en cierto modo indefenso, accedió de mala gana a quedarse sin abogado.

Dos de sus amigos y yo esperamos en el Palacio de Justicia a que terminara la sesión a puerta cerrada. Jorge salió corriendo de la sala del tribunal, gritando: —¡Quiere el veinte por ciento de mi retiro... el veinte por ciento! ¡De ningún modo pienso hacerlo!Una vez más le pregunté: —¿Quiere que su esposa vuelva? —de nuevo asintió con la cabeza. Entonces déle el veinticinco por ciento.

Le recordé que *ahora* era el momento de respetarla y de tratarla con delicadeza. Más tarde salió de la sala de justicia como un hombre divorciado; pero no por mucho tiempo...

Varios meses después me topé con él en la tienda de comestibles, y me dijo triunfalmente: —Mi esposa y yo nos hemos vuelto a casar. La primera vez que usted me dijo las cosas que debía hacer por ella, pensé que estaba loco... no había manera de que fuera jamás capaz de llevarlas a cabo. Al principio requirió pura fuerza de voluntad; y lo hice únicamente porque usted dijo que Dios recompensa a aquellos que le buscan y siguen sus caminos. ¿Pero sabe una cosa? Es realmente asombroso: después de ponerlas en práctica durante tres meses en realidad disfruto de ellas.

Y continuó dándome ejemplos de las nuevas maneras en las que estaba tratando a su esposa: como la vez en que ella partió a un viaje de negocios, y él le escribió una nota diciéndole cuánto deseaba poder estar en su compañía —metido en la nota había dinero extra e indicaciones de cómo llegar a su destino.

Jorge ha comprendido finalmente que su esposa es una persona especial la cual necesita un trato delicado —casi como si en su frente estuvieran impresas las palabras: "¡Muy importante! ¡Trátese con cuidado!"

Ese esposo ha descubierto el secreto para renovar cualquier relación tirante: honrar al otro. En el capítulo tres hablaremos de esto más ampliamente; pero antes de que tratemos de la reconstrucción de un matrimonio decadente, vamos a examinar dos de las razones principales por las cuales los matrimonios fracasan.

Dos razones por las cuales los matrimonios fracasan

Tanto los hombres como las mujeres comienzan su vida de casados con expectaciones de libro de cuentos y con una preparación limitada.

En cierta ocasión pregunté a una chica universitaria con qué tipo de hombre le gustaría casarse. Ella me respondió: —Quisiera que fuera capaz de contar chistes, de cantar y bailar, y de quedarse en casa por la noche.

—Tú no quieres un esposo —le dije—; lo que quieres es un aparato de televisión.

Sus fantasías acerca de un esposo revelan una de las razones más corrientes por las cuales los matrimonios fracasan. Nos casamos con expectaciones poco realistas y con pocas habilidades solícitas. De hecho, la mayoría de nosotros no tenemos las ideas muy claras en lo referente a las necesidades reales de nuestra pareja.

¿No resulta irónico el que una licencia de plomero requiera algunos años de preparación, mientras que para obtener la de matrimonio no se necesitan más que dos cuerpos dispuestos y algunas veces una prueba sanguínea? Ya que la mayor parte de nosotros rebotamos por los pasillos educativos sin recibir ningún curso de comunicación básica, muchos hombres se casan sin tener conocimiento en absoluto acerca de cómo construir una relación significativa. En pocas palabras: La mayoría de los hombres no tienen ni idea de cómo amar a sus mujeres en una forma que les haga felices a ambos.

Hace poco les pregunté a cinco mujeres divorciadas por separado: "¿Recibiría de nuevo a su esposo si él empezara a tratarla de una manera amorosa consistente?"

Cada una de ellas respondió: "Desde luego que sí" —pero, desgraciadamente, ninguna tenía la esperanza de que su esposo sería nunca de esa manera. Ya que yo conocía a uno de los hombres personalmente, tuve que convenir con la desesperanza de su esposa. Si estuviera dispuesto a intentarlo, podría conseguir que la mujer volviera; pero por desgracia no estaba interesado en aprender.

"Lo que él no comprende" —me explicaba cierta mujer—, "es que muchas mujeres son tan sensibles como los perritos. Si volviera y me tratara con ternura, delicadeza y comprensión, le recibiría de nuevo mañana mismo".

¡Qué triste es que los hombres no sepamos cómo volver a ganar a nuestras esposas, o ni siquiera cómo evitar el perderlas! ¿De qué manera podemos conseguir su afecto, respeto, amor y cooperación, cuando *no sabemos ni por dónde comenzar?* En vez de intentar aprender lo que se necesita para reparar un matrimonio agrietado, la mayoría de nosotros preferimos hacer nuestra la causa triunfante del divorcio.

Violamos las leyes de la relación inherentes al matrimonio, y luego nos preguntamos por qué todo se pone agrio; sin embargo, no nos extrañaríamos si la ley de la aerodinámica enviara al suelo un avión al que le faltara alguna de sus alas.

Imagínate que eres un ingeniero aeroespacial y que trabajas para la NASA. Tu trabajo consiste en hacer que varios hombres lleguen a la luna; pero algo va mal en la mitad del viaje. Ni siquiera soñarías con abandonar todo el proyecto porque alguna cosa no funciona como es debido. En vez de eso, tú mismo y los demás ingenieros intercambiarían ideas, introducirían información en la computadora, y... ¡ya está! Descubrirían el problema y harían todos los ajustes necesarios para conseguir que la nave espacial volviera a su rumbo. Aunque todo el proyecto fracasara, no lo abandonarías; sino que simplemente harías modificaciones para evitar problemas parecidos en el futuro.

Al igual que una nave espacial, tu matrimonio está sujeto a leyes que determinan su éxito o su fracaso. Cuando se violan algunas de esas leyes, tú y tu esposa quedan dando vueltas y destinados a estrellarse. No obstante, si mientras dura la relación matrimonial descubres la ley o el principio que estás violando, y haces los ajustes necesarios, tu matrimonio permanecerá en el rumbo debido.

Tanto a los hombres como a las mujeres les falta entendimiento en cuanto a las diferencias generales que existen entre los sexos.

Me aventuraría a decir que la mayor parte de las dificultades conyugales giran en torno a un hecho: los hombres y las mujeres son TOTALMENTE diferentes. Las diferencias que existen entre ellos (emocional, mental y física) son tan extremas, que sin un *esfuerzo concentrado* por comprenderlas, es casi imposible tener un matrimonio feliz. Un siquiatra famoso dijo en cierta ocasión: "Después de treinta años de estudiar a las mujeres, me pregunto a mí mismo: ¿Qué es lo que quieren realmente?". Si esta fue su conclusión, imagínese lo poco que conocemos acerca de nuestras esposas.

Quizás ya estés consciente de algunas de esas diferencias; sin embargo, muchas de ellas te supondrán una sorpresa completa. ¿Sabes, por ejemplo, que prácticamente todas las células del cuerpo de un hombre tienen una estructura cromosómica totalmente diferente de aquellas de las mujeres? ¿Y qué me dices de ésta?: El doctor James Dobson expresa que hay pruebas muy convincentes de que el "asiento" de las emociones en el cerebro de un hombre está instalado de una forma diferente que en el de la mujer. En virtud de estas dos disparidades, los hombres y las mujeres se encuentran a kilómetros de distancia entre sí emocional y físicamente. Examinemos algunas de las diferencias entre hombres y mujeres.

Diferencias mentales/emocionales

1. Las mujeres tienden a ser más *personales* que los hombres —tienen un interés más profundo en la gente y en los sentimientos (en construir relaciones)—; mientras que éstos propenden a estar más preocupados con asuntos prácticos que se pueden comprender mediante deducción lógica. Los varones suelen tener una mayor orientación hacia el desafío y la conquista —a competir para obtener la supremacía—; de aquí su marcado interés por deportes como el fútbol y el boxeo.

¿Por qué estaría menos interesada una mujer en un combate de boxeo? ¡Porque por lo general, en el cuadrilátero no se desarrollan relaciones íntimas y tiernas! Fíjese asimismo en lo que sucede durante muchas vacaciones familiares. El se siente desafiado por el objetivo de conducir

650 kilómetros diarios; mientras que ella quiere parar de vez en cuando para tomar café, relajarse y relacionarse con otras personas —su esposo piensa que eso es una pérdida de tiempo ya que interferiría con su objetivo.

Los hombres tienden a mostrarse menos deseosos y a ser menos entendidos en cuanto a construir relaciones íntimas tanto con Dios como con otros. Un ejemplo de ello es que por lo general son las mujeres quienes compran libros acerca del matrimonio. También suelen ser ellas las que desarrollan el interés inicial por conocer a Dios e ir a la iglesia. Cuando un hombre se da cuenta de que su esposa se siente motivada de una manera más natural a fomentar lazos, puede descansar y aceptar tales tendencias, *escogiendo* desarrollar un mejor matrimonio y mejores relaciones con sus hijos.

¿Comprendes que la habilidad natural de tu esposa para desarrollar relaciones puede *ayudarle* a cumplir los dos mandamientos mayores enseñados por Cristo: amar a Dios y amar a otros (Mateo 22:36–40)? Jesús dijo que si obedecemos esos dos mandamientos, estaremos obedeciendo *todos* los demás. ¡Piénsalo! Tu esposa tiene el instinto y la habilidad dados por Dios para auxiliarte en la construcción de relaciones significativas en ambas áreas. Dios sabía que tú necesitabas una asistencia especial, ya que declaró: "No es bueno que el hombre esté solo; le haré ayuda idónea [y un complemento] para él" (Génesis 2:18). Si se lo permites, tu esposa puede hacer accesible todo un mundo nuevo y completo de comunicaciones y de relaciones más profundas.

2. En su libro *The Art of Understanding Your Mate* (El arte de comprender a tu cónyuge) el doctor Cecil Osborne dice que las mujeres llegan a ser *una parte íntima* de la gente que conocen y de las cosas que las rodean —entran en una especie de unidad con su ambiente. Aunque un hombre también se relaciona con la gente y las situaciones, por lo general no permite que su identidad se entreteja con ellas. De algún modo, los hombres permanecen aparte. Por esta razón una mujer que considera su casa como una extensión de su propia persona puede sentirse herida cuando otros la critican.

Las mujeres tienden a encontrar su identidad en las relaciones íntimas; mientras que los hombres la consiguen mediante sus vocaciones.

3. A causa de la *identidad emocional* de la mujer con la gente y los lugares que la rodean, ella necesita más tiempo para adaptarse a cualquier cambio que pueda afectar a sus relaciones. Un hombre puede deducir lógicamente los beneficios de cierto cambio y en minutos quedar men-

talmente satisfecho en cuanto al mismo. Sin embargo, no es así con las mujeres, ya que éstas se concentran, por ejemplo, en las consecuencias inmediatas del establecerse de nuevo en un lugar diferente, y por ello precisan tiempo para superar el ajuste inicial antes de entusiasmarse con las posibles ventajas.

4. Los hombres tienden a expresar su hostilidad por medio de la violencia física, mientras que las mujeres suelen ser más *verbalmente expresivas*.

Diferencias físicas

El doctor Paul Popenoe, fundador del American Institute of Family Relations, (Instituto Americano de Vida Familiar) en Los Angeles, dedicó sus años más productivos a la investigación de las diferencias biológicas entre los sexos. He aquí una lista de algunos de sus hallazgos:

- La mujer posee una mayor vitalidad constitucional, quizás debida a su estructura cromosómica única. Normalmente, en los Estados Unidos, las mujeres viven tres o cuatro años más que los hombres.
- El metabolismo de una mujer es por lo general más lento que el de un hombre.
- Los hombres y las mujeres son diferentes en su estructura esquelética; ya que estas últimas tienen la cabeza más corta, la cara mayor, una barbilla menos prominente, las piernas más pequeñas, y el tronco más largo.
- La mujer tiene asimismo unos riñones, un hígado, un estómago y un apéndice mayores que los del hombre; pero unos pulmones más pequeños.
- Las mujeres poseen varias funciones únicas e importantes: la menstruación, el embarazo y la lactancia; y sus hormonas son de un tipo diferente y más numerosas que las de los hombres.
- La tiroides de la mujer es mayor y más activa. Esta se agranda durante el embarazo y la menstruación; hace a la mujeres más propensas al bocio; les proporciona resistencia al frío; está asociado con su piel suave, su cuerpo relativamente sin pelo y su espesa capa de grasa subcutánea.
- La sangre de la mujer contiene más agua y un 20 por ciento menos de glóbulos rojos. Puesto que son los glóbulos rojos los que proveen de oxígeno a las células del cuerpo, las mujeres se cansan más

fácilmente y tienen una tendencia mayor a desmayarse. De modo que su vitalidad constitucional se limita a la duración de su vida (cuando la jornada laboral se incrementó en las fábricas inglesas, bajo condiciones de guerra, de diez a doce horas, los accidentes aumentaron en un 150 por ciento entre las mujeres, pero nada absolutamente entre los hombres).

- Por término medio, el hombre posee un 50 por ciento más de fuerza bruta que la mujer (el 40 por ciento del peso de un hombre es de músculo; mientras que en la mujer es sólo de un 23 por ciento).
- El corazón de las mujeres late más rápidamente que el de los hombres (un promedio de 80 latidos por minuto contra 72). La presión sanguínea de una mujer (10 puntos más baja que la de un hombre), varía de minuto a minuto; pero las mujeres tienen menos tendencia a sufrir de presión alta —por lo menos hasta después de la menopausia.
- La capacidad vital de la mujer, o poder respiratorio, es bastante más bajo que el de un hombre.
- La mujer soporta mejor las temperaturas elevadas que el hombre, ya que su metabolismo varía menos de velocidad.

Diferencias sexuales

El instinto sexual de una mujer, tiende a estar relacionado con su ciclo menstrual; mientras que el de un hombre es bastante constante. La hormona testosterona juega un papel importante en cuanto a estimular el deseo sexual de los varones.

Las mujeres son más bien estimuladas por el toque y las palabras románticas, y se sienten mucho más atraídas por la personalidad de un hombre; en cambio los hombres son más incitados por la vista. Por lo general, el varón es menos exigente en cuanto a las mujeres hacia quienes se siente atraído físicamente.

Mientras que un hombre necesita prepararse poco o nada en absoluto para la relación sexual, la mujer a menudo precisa horas enteras de preparación emocional y mental; y el trato áspero o abusivo puede fácilmente quitarle el deseo de tener esa clase de intimidad por varios días. Cuando las emociones de una mujer han sido pisoteadas por su esposo, ésta con frecuencia experimenta repulsión hacia los requerimientos de aquél. Muchas mujeres me han dicho que se sienten como prostitutas cuando se las obliga a hacer el amor mientras tienen resentimiento hacia su esposo.

Sin embargo, puede que un hombre no tenga NI idea de aquello por lo que está haciendo pasar a su esposa cuando la fuerza a la relación sexual.

Estas diferencias básicas, que por lo general salen a la superficie poco después de la boda, son la causa de muchos conflictos en el matrimonio. Desde el comienzo, la mujer tiene un conocimiento intuitivo mayor de cómo desarrollar una relación amorosa. Debido a su sensibilidad, ella es al principio más considerada con los sentimientos de su esposo y más entusiasta en cuanto a desarrollar una relación significativa a diferentes niveles; es decir, sabe cómo construir algo más que un maratón sexual; y desea ser una amante, la mejor amiga de su esposo, una admiradora, una ama de casa y una compañera apreciada. Por otro lado, el hombre no tiene por lo general ese conocimiento intuitivo de lo que debería ser la relación: no sabe cómo animar y amar a su mujer, ni tratarla de tal manera que satisfaga sus necesidades más profundas.

Ya que el varón no tiene una comprensión de esas áreas vitales mediante la intuición, debe depender *exclusivamente* del conocimiento y de las habilidades que ha adquirido *antes* del matrimonio. Por desgracia, nuestro sistema educativo no requiere un programa de preparación para futuros esposos. Puede que su única educación sea el ejemplo que ha visto en su hogar; y para muchos de nosotros quizás ese ejemplo haya sido insuficiente. Comenzamos nuestra vida de casados sabiendo todo acerca del sexo y muy poco acerca del amor verdadero y desinteresado.

No estoy diciendo que los hombres sean más egoístas que las mujeres; sino simplemente que al principio de su vida matrimonial, un hombre no está tan equipado para expresar el amor desinteresado, o tan deseoso de fomentar el matrimonio con objeto de que llegue a ser una relación amorosa y duradera, como las mujeres.

Diferencias intuitivas

Norberto estaba planeando invertir más de 50.000 dólares en una oportunidad de negocio que era "algo seguro". Lo había escudriñado desde todos los ángulos y deducido lógicamente que no podía fallar. Después de firmar un contrato y de entregar un cheque a la otra parte contratante, decidió hablarle de dicha inversión a su esposa.

Al oír unos pocos detalles del negocio, ella se sintió inmediatamente intranquila acerca del mismo. El percibió su intranquilidad y se puso furioso, preguntando por qué se sentía de esa forma. La mujer no podía dar una razón lógica, ya que no tenía ninguna —todo lo que sabía era que aquello no "encajaba". Por fin, él cedió, volvió a la otra parte interesada y pidió que le reembolsara el dinero. "¡Está loco!" —le dijo el hombre mientras le devolvía el dinero. Poco tiempo después, TODOS los organizadores y accionistas fueron encausados por el gobierno federal. La intuición de su esposa no sólo le había ahorrado a Norberto 50.000 dólares, sino que le evitó ir a la cárcel.

¿Qué es exactamente esta "intuición femenina"? No es algo místico. Según un equipo de investigación de la Universidad de Stanford dirigido por los neurosicólogos McGuinness y Tribran, las mujeres captan mensajes subconscientes más rápidamente y con mayor precisión que los hombres. Ya que esta intuición está basada en un proceso mental inconsciente, muchas mujeres no son capaces de dar explicaciones específicas en cuanto a por qué se sienten de un cierto modo; simplemente perciben o "sienten" algo acerca de una situación o una persona en particular, mientras que los hombres tienden a seguir un análisis lógico de las circunstancias o de la gente.

Ahora que sabes POR QUE los hombres y las mujeres no pueden comprender sus respectivas diferencias sin hacer un gran esfuerzo, espero que tendrás más esperanza, más paciencia, y más tolerancia mientras te afanas por fortalecer y hacer más profundas tus relaciones con tu propia esposa. Teniendo esto en mente, consideremos algunas de las consecuencias serias de permitir que un matrimonio deficiente continúe deteriorándose.

Consecuencias serias de un matrimonio deficiente

Primeramente, según el doctor Ed Wheat, una mujer que no es amada como es debido por su esposo puede desarrollar un sinfín de dolencias físicas graves que necesiten miles de dólares para su tratamiento.

En segundo lugar, el doctor James Dobson dice que cada aspecto de la existencia emocional y física de una mujer depende del amor romántico que recibe de su esposo. De modo, *esposos*, si sienten que sus mujeres han cerrado con llave el dormitorio dejándoles fuera, escuchen con atención: Según James Dobson, cuando un hombre aprende a amar a su esposa de la manera que ésta necesita ser amada, ella le responderá físicamente en una forma que él jamás soñó posible.

Tercero: La falta de amor de un esposo por su esposa, puede afectar drásticamente el desarrollo emocional de sus hijos —según explica John

Drescher en su libro *Seven Things Children Need* (Siete cosas que necesitan los hijos).

Cuarto: Hay más probabilidades de encontrar una esposa y unos hijos rebeldes en el hogar de un hombre que no sabe cómo mantener amorosamente a su familia.

Quinto: Cuando un hombre se contenta con un matrimonio deficiente, está perdiendo su reputación delante de todo el mundo, y expresando: "No me importa lo que prometí en el altar; ya no voy a seguir intentándolo". Al negarse a amar a su esposa como debería, está manifestando a los que se encuentran a su alrededor, que es un egoísta y alguien indigno de confianza.

Sexto: El hijo de un esposo falto de amor, aprenderá probablemente muchas de las maneras impropias de tratar a su futura esposa tomando ejemplo de su padre. El que no ama a su cónyuge, le es sencillamente imposible guardar sus problemas para sí mismo, y está destinado a afectar las relaciones futuras de sus hijos.

Y séptimo: El amor inadecuado aumenta la posibilidad de enfermedades mentales que requieran un tratamiento siquiátrico de los miembros de la familia. Según un artículo que apareció en el número de *Family Weekly* correspondiente al 16 de julio de 1978, el doctor Nathan Ackerman dijo que la enfermedad mental es perpetuada dentro de una familia, transmitiéndose de generación a generación. En ese mismo artículo, el doctor Salvador Minuchin —un siquiatra—, expresaba que los miembros de una familia quedan a menudo atrapados en un hábito de enfermedad mental al poner una tensión indebida unos sobre otros.

La más difícil decisión de tu vida

No estoy intentando meterte en el molde del "esposo perfecto". No conozco a *ningún* esposo que lo sea. Sin embargo, sí sé de algunos que están aprendiendo a responder a las necesidades especiales de sus mujeres.

Lo que me propongo es ayudarte para que sepas cómo amar a tu esposa de una manera más efectiva y consistente. Al principio, tal vez te sientas como si estuvieras aprendiendo de nuevo a dar los primeros pasos. Puede que pasen semanas, meses, e incluso un año antes de que consigas el objetivo de tener un comportamiento amoroso coherente. Sin embargo, después de que te acostumbres a ir progresando lentamente, cogerás confianza; y pronto estarás en medio del tipo de matrimonio que nunca pensaste que fuera posible.

Recuerda: Quizás sientas que es imposible cambiar costumbres de toda la vida; pero no es así. Por lo general se necesita de treinta a cuarenta días para corregir un hábito; de modo que espero que decidirás cambiar los tuyos. Sé por experiencia que las recompensas bien valen el esfuerzo.

El secreto de un matrimonio satisfactorio

¡¡Persistencia!! Algunas veces, en medio de un conflicto con Norma, quiero realmente rendirme. Pero eso es sólo como yo me siento. A menudo, estoy cansado, debilitado, bajo demasiada tensión... por consiguiente el futuro parece sombrío. Es entonces cuando me apoyo en el conocimiento, y no en los sentimientos. Me guío por lo que *fortalecerá* nuestra relación, y en pocos días veo los resultados. De hecho, por lo general me siento mejor al día siguiente y tengo un deseo renovado de trabajar en nuestro matrimonio. Así que *nunca me rindo*. Sigo guiándome por lo que he aprendido de la Biblia lo que son los secretos de las relaciones duraderas.

Me guío por esos secretos sin importar cómo me sienta; y en este libro he intentado extender y compartir los mismos.

Recuerda: Tú eres quien sale ganando cuando te esfuerzas por tener una relación amorosa con tu esposa. La mía me ha dicho docenas de veces que cuando la trato como es debido soy yo quien gano. Mi solicitud amorosa la motiva a hacer más cosas por mí, y a responder gustosamente a mis necesidades y deseos; pero esa nunca ha sido mi motivación principal. La motivación más fuerte la han supuesto para mí el *desafío* y las *recompensas* de vivir mi vida como se esboza en las Escrituras: el seguir las dos grandes enseñanzas de Cristo —conocer y amar a Dios, y conocer y amar a la gente (Mateo 22:36–40). Todo el gozo y toda la satisfacción que he deseado en esta vida me han venido de esas dos relaciones: con Dios y con los demás (Efesios 3:19, 20; Juan 15:11–13). Dichas relaciones son tan importantes que he añadido a mi existencia aún otra motivación —quizás la mejor para mí—: permitir a otras parejas que me pidan cuentas de mi amor por mi esposa y por mis hijos. Ellos tienen libertad para preguntarme qué tal vamos como matrimonio y como familia, y sé que me aman lo suficiente para levantarme cuando caigo. También intento siempre recordar que el amor es algo que uno *escoge*. Yo escojo interesarme por mis relaciones; y esa misma elección que trae grandes recompensas puede ser tuya igualmente.

Mi esposa y yo hemos comprometido los años restantes de nuestras vidas a estudiar aquellas cualidades que son necesarias para reconstruir relaciones significativas. Yo he entrevistado personalmente a cientos de mujeres acerca de cuáles acciones de sus esposos derriban o edifican sus matrimonios; y este libro es fundamentalmente un compendio de mis hallazgos.

Quizás tu esposa se dedica a una profesión y no tiene hijos, o es una atareada ama de casa madre de tres; sea como sea, creo que puedes *acomodar* a tu caso los principios generales de este volumen para construir una relación más satisfactoria con ella.

Antes de leer el capítulo siguiente, haz este corto examen para evaluar lo estable que es tu matrimonio en este mismo momento; luego, cuando hayas determinado con precisión cuáles son tus puntos débiles y fuertes, utiliza los capítulos que vienen a continuación para dar los pasos necesarios con objeto de fortalecer la relación con tu esposa. Algunas de las ideas que aparecen en esta lista de verificación son del doctor George Larson, un sicólogo que ha realizado una extensa labor ayudando a personas a desarrollar buenas relaciones. El doctor Larson cree —como yo—, que las buenas relaciones no suceden por casualidad; sino que prosperan y se mantienen sólo cuando la gente sabe lo que quiere y cómo conseguirlo.

Contesta SI o NO a cada pregunta, y luego comprueba tu puntuación más abajo:

1. ¿Haces que tu esposa se sienta contenta consigo misma?
   (sí ＿＿ no ＿＿)
2. ¿Valoras en tu esposa las mismas cosas que aprecias en ti mismo?
   (sí ＿＿ no ＿＿)
3. ¿Aparece espontáneamente una sonrisa en tu cara cuando ves a tu esposa? (sí ＿＿ no ＿＿)
4. ¿Cuando sales de casa, ¿le queda a tu esposa una sensación de bienestar por haber sido alentada con tu compañía? (sí ＿＿ no ＿＿)
5. ¿Pueden tú y tu esposa decirse sinceramente el uno al otro lo que quieren en vez de utilizar la manipulación o los trucos?
   (sí ＿＿ no ＿＿)
6. ¿Puede tu esposa airarse contigo sin que por eso pienses menos en ella? (sí ＿＿ no ＿＿)

7. ¿Eres capaz de aceptar a tu esposa como es en lugar de tener diferentes planes para cambiarla a tu manera? (sí ____ no ____)

8. ¿Es tu comportamiento consecuente con tus propias palabras? (sí ____ no ____)

9. ¿Demuestran tus acciones que te preocupas realmente por tu esposa? (sí ____ no ____)

10. ¿Te puedes sentir a gusto con tu esposa cuando ella lleva ropa vieja? (sí ____ no ____)

11. ¿Te gusta presentar a tu esposa a tus amigos o conocidos? (sí ____ no ____)

12. ¿Puedes compartir con tu esposa tus propios momentos de debilidad, fracaso o desilusión? (sí ____ no ____)

13. ¿Diría tu esposa que sabes escuchar? (sí ____ no ____)

14. ¿Confías en que tu esposa puede resolver sus propios problemas? (sí ____ no ____)

15. ¿Reconoces delante de tu esposa que tienes problemas y necesitas el consuelo de ella? (sí ____ no ____)

16. ¿Crees que podías vivir plena y felizmente sin tu esposa? (sí ____ no ____)

17. ¿Animas a tu esposa para que desarrolle todo su potencial como mujer? (sí ____ no ____)

18. ¿Eres capaz de aprender de tu esposa y de apreciar lo que ella dice? (sí ____ no ____)

19. Si tu esposa muriera mañana, ¿recordarías con gratitud el haber tenido la oportunidad de conocerla y de casarte con ella? (sí ____ no ____)

20. ¿Siente tu esposa que es más importante para ti que cualquier otra persona o cualquier otra cosa en tu vida? (sí ____ no ____)

21. ¿Crees que conoces por lo menos cinco de las necesidades más importantes de tu esposa y que sabes cómo satisfacerlas de una manera hábil? (sí ____ no ____)

22. ¿Sabes lo que necesita tu esposa cuando se encuentra bajo tensión o está desanimada? (sí ____ no ____)

23. ¿Admites por lo general que has hecho mal, y buscas el perdón de tu esposa cuando la has ofendido? (sí ____ no ____)

24. ¿Diría tu esposa que la elogias por lo menos una vez al día? (sí ____ no ____)

25. ¿Manifestaría tu esposa que estás abierto a sus correcciones? (sí ____ no ____)

26. ¿Diría ella que eres un esposo protector y que conoces cuáles son sus limitaciones como mujer? (sí ____ no ____)
27. ¿Expresaría tu esposa que generalmente consideras los sentimientos y las ideas de ella cuando haces una decisión importante la cual afecta a la familia o a ella misma? (sí ____ no ____)
28. ¿Diría tu esposa que disfrutas estando con ella y compartiendo juntos muchas experiencias de la vida? (sí ____ no ____)
29. ¿Manifestaría tu esposa que eres un buen ejemplo de lo que tú mismo quisieras que ella fuera? (sí ____ no ____)
30. ¿Dirías que produces interés en tu esposa cuando compartes con ella cosas que consideras importantes? (sí ____ no ____)

Si contestas "sí" a 10 preguntas o *menos*, tu relación tiene gran necesidad de una reparación general.

Si has contestado "sí" entre *11 y 19* de dichas preguntas, tu relación necesita mejorar.

Si tu respuesta es "sí" a *20 o más preguntas*, entonces vas probablemente de camino a una relación buena y duradera.

Para meditación personal

1. ¿Cuáles son las dos responsabilidades principales que se requieren de un esposo? 1 Pedro 3:7.
2. ¿Cuál es el requisito bíblico del amor y qué tienen en común estos versículos? Juan 15:13; 1 Corintios 13:5; Filipenses 2:3–8.
3. ¿Qué provecho sacamos de amar a otros? Juan 15:11; Gálatas 5:13, 14; Efesios 3:19, 20.

2. ¿Adónde han ido todos los sentimientos?

"Pero el mayor de ellos es el amor" (1 Corintios 13:13).

"Ya no te quiero" —dijo Sandi de manera despreocupada, sacando a Jaime con un sobresalto de su gran interés en un partido de béisbol que veían en la televisión. Y luego añadió: "Quiero dejarte, y me voy a llevar a Juanita conmigo". Jaime se dio la vuelta rápidamente en su silla, preguntándose si había oído bien.

Ya que Sandi y Jaime se creían adultos sensatos y educados, se separaron con calma y convinieron en un arreglo sin disputa. El, con su "madurez", incluso ayudó a Sandi a hacer las maletas; y luego, observó cómo su esposa y su hija se iban de casa para siempre. Pero interiormente no estaba sereno. Durante el mes siguiente no pudo retener los alimentos, y no tardó demasiado en contraer herpes y furúnculos. Sus problemas físicos sólo eran síntomas de algo mucho más profundo: la falta de *conocimiento* para construir una relación conyugal duradera, y de *interés* en hacerlo.

Afortunadamente, Jaime logró ganar de nuevo a su esposa con amor verdadero. Aquello le llevó un año; pero Sandi quedó finalmente convencida por los cambios que vio en él, de que su matrimonio merecía un nuevo intento.

¿Qué aprendió exactamente Jaime acerca del amor durante el año que estuvo separado de Sandi? Pues que el éxito en el matrimonio, como cualquier otro empeño que valga la pena, requiere tiempo y estudio.

¿A quién se le ocurriría permitir que alguien sin entrenar subiera a la cabina del piloto de un avión y jugara con los manómetros? O, ¿qué persona dejaría que un novato reparara los motores de un avión a reacción moderno? Sin embargo, esperamos que los hombres construyan relaciones firmes y amorosas sin ninguna educación en absoluto. A un hombre se le debe "educar": En primer lugar debe descubrir los elementos esenciales del amor verdadero, y luego ponerlos en práctica hasta que su habilidad sea aguda y natural. De este modo, pronto su torpeza dará paso a la pericia acabada.

¿Recuerda a la pareja que mencioné en el primer capítulo? Cuando Jorge me preguntó por fin cómo podía conseguir de nuevo el amor de su esposa, ésta ya había obtenido un mandato judicial para mantenerle lejos de la casa; y aunque él quería desesperadamente salvar su matrimonio de muchos años, el divorcio era inminente. Todavía recuerdo haberle dicho: "Será difícil; pero le aseguro que siempre que ella no esté enamorada de otro hombre, lo que voy a compartir con usted dará resultado".

Al principio, Jorge se sentía poco diestro utilizando las técnicas que le enseñé. Tenía que comenzar desde cero y aprender poco a poco a hablar con Bárbara, a ser tierno y a interesarse por sus sentimientos. El no conocía las necesidades especiales de su esposa —que ella anhelaba consuelo y no sermones cuando se encontraba desanimada. Pero con el tiempo, el hombre *aprendió* y *ganó* de nuevo a su esposa; expresando que no podía creer que aquellos gestos que en otro tiempo le parecían tan torpes, fueran ahora una parte agradable de su vida.

—Sencillamente no vale la pena —respondió un esposo cuando le dije cómo salvar su matrimonio—. ¿Acaso no ve usted que ya no la quiero? Me es molestia, y ni siquiera deseo hacer el esfuerzo de construir eso de lo que está usted hablando. Simplemente quiero terminar.

—¿Qué pasa entre ustedes dos? —pregunté, tratando de averiguar por qué se había desvanecido el amor por su esposa—. ¿Cuál es la causa de que no pueda extenderse hacia ella y construir una relación amorosa? ¿Por qué no quiere hacerlo?

—Bueno —me confió—, varias cosas que ella ha hecho me han herido tanto que sencillamente no puedo intentarlo más.

Al día siguiente, durante la comida del mediodía, nombró siete cosas que su esposa había hecho, y continuaba haciendo, las cuales le daban ganas de abandonarla. Para su asombro, pudimos deducir que cada una de ellas era debida a una falta de ciertas cualidades en su propia vida. Una vez que comprendió aquello, me preguntó: "¿Qué clase de hombre sería si la abandonara cuando estoy contribuyendo a su manera de ser?"

Una relación matrimonial que persiste y llega a ser más satisfactoria tanto para el esposo como para la esposa, no es fruto del azar. Sólo el trabajo duro hace un matrimonio más grato cinco, diez, quince o veinte años después de la luna de miel. Ahora disfruto más que nunca de la compañía de mi esposa y espero con impaciencia una relación más profunda en años futuros.

Los tres tipos esenciales de amor

Casi todos los hombres se casan creyendo que el amor que les tienen a sus cónyuges nunca se marchitará. Sin embargo, en los Estados Unidos, por cada dos matrimonios hay un divorcio. ¿Cuál es la causa? Que hemos creído en la versión del amor de Hollywood. Pero no se tarda mucho en descubrir que la mera pasión que gira en torno al placer sexual, no es suficiente en sí para establecer una relación duradera. Por desgracia, demasiadas parejas comienzan su vida matrimonial pensando que este tipo de amor es todo lo que necesitan.

Hay por lo menos tres tipos de amor cada uno de los cuales es completamente único en su género: el compañerismo, la pasión y el amor verdadero. De estos tres, creo que sólo el último provee un fundamento adecuado para una relación segura. Si a la relación le falta amor auténtico, lo más probable es que se deteriore. Una de las virtudes más emocionantes del *amor verdadero*, es que se puede desarrollar en su carácter sin la ayuda de sentimientos afectuosos. Pero antes de estudiar dicho amor verdadero, consideremos los otros dos tipos de amor.

Compañerismo

Aquí estamos hablando del "me gustas" que sentimos hacia el sexo opuesto: el tipo de amor que estimula de un modo agradable los cinco sentidos. Ella huele bien, es agradable al tacto, tiene una voz bonita y posee un buen aspecto. Es compañía agradable porque te hace sentir feliz. Te gusta del mismo modo que la pizza o la música folklórica.

Muchas relaciones comienzan con este tipo de amor. Todos observamos rasgos atractivos en otros; y pronto nos encontramos disfrutando de las partes de sus vidas que nos hacen sentirnos bien.

Aunque ese amor es el fundamento de muchos matrimonios, no siempre resiste a la presión del tiempo. Después de dos o tres años, la esposa cambia su estilo de vida y su peinado, mientras que su esposo opta por una nueva colonia y unos puntos de vista políticos diferentes; y cuanto mayores se hacen, tanto más cambian.

Todos cambiamos hasta cierto punto cada año; y el peligro surge cuando uno basa su amor en características cambiables que encuentra atractivas a su nivel de compañerismo. Nuestros sentimientos se van enfriando más y más hasta que por último nos preguntamos qué fue lo que nos gustó de nuestro cónyuge en primer lugar; así que salimos a buscar a alguien nuevo a quien amar. Es fácil comprender por qué al *amor de compañerismo* le resulta difícil madurar.

Pasión

La *pasión* afecta más a las emociones que el compañerismo; y es el tipo de amor que mantiene al corazón trabajando horas extraordinarias: "¡Caramba cómo me atraes!". Los griegos llamaban a esto eros: una forma de amor sensual y físico que produce a menudo el envolvimiento corporal ardiente antes y después del matrimonio. El amor eros excita nuestros sentidos y estimula nuestros cuerpos y nuestras mentes —es el tipo de amor que anhela que la otra persona incite y satisfaga los instintos sexuales de uno. Este amor se encuentra ciertamente en el matrimonio; pero si tal pasión existe sin el amor verdadero, por lo general la lujuria da paso al asco y a la repulsión —como le sucedió de alguna manera a Amnón, el hijo del rey David, quien aborreció a Tamar después de haberla violado (2 Samuel 13:15).

Amor verdadero

El *amor verdadero* es algo completamente diferente, y significa: "Veo en ti una necesidad; déjame tener el privilegio de satisfacerla". En lugar de tomar para sí mismo, el auténtico amor da a otros; y nos motiva para que ayudemos a los demás a desarrollar todo su potencial en la vida.

Pero lo que es aún más importante: el amor verdadero no pone condiciones —no dice: "Seré amigo tuyo, si también tú me das tu amistad"; ni: "Deseo que seas mi novia porque eres guapa y quiero que la gente nos vea juntos"; ni tampoco: "Quiero ser tu amigo porque tu familia es rica". Este amor no busca ganancia, sino solamente dar. No recuerdas aquellos amoríos estando en la escuela secundaria, cuando decías: "Bueno, la quiero si ella me quiere a mí; pero si me hace pasarlo mal la dejaré". El amor auténtico no tiene una "letra tan menuda".

El grado más bajo de madurez

La capacidad para amar de una manera desinteresada depende del grado de madurez de uno. Las emociones que aparecen en la lista de más abajo son típicas del amor inmaduro; marca aquellas características de tu vida.

- [ ] *Celos*: son causados por el miedo a perder algo o a alguien a quien apreciamos porque satisface nuestras necesidades.
- [ ] *Envidia*: de poseer lo que otro tiene; imaginamos que si conseguimos aquello seremos felices.
- [ ] *Ira*: es el resultado de la confusión interna y de la frustración que sentimos cuando no podemos controlar a la gente o las circunstancias —si no logramos conseguir aquello que creemos que nos haría felices, o nuestros objetivos se ven bloqueados.
- [ ] *Soledad*: es producida por nuestra dependencia de otra gente para ser felices.
- [ ] *Temor*: es el resultado de imaginar o percibir que nuestras necesidades no serán satisfechas o nuestros objetivos no se cumplirán.

Si quieres continuar con este ejercicio, deberías hacer una lista de aquellos incidentes que provocaron cada una de las emociones que has marcado. Luego, pregúntate a ti mismo: "¿Por qué sentí esa emoción? ¿Me estaba concentrando en lo que podía *obtener* de la vida o en aquello que podía perder en la misma?"

Todas estas emociones son características del amor inmaduro —que es un deseo de utilizar a otras personas para conseguir nuestra propia felicidad; o un anhelo de placer sin considerar el costo. La misma inmadurez se encuentra detrás del *abuso* del alcohol, de las drogas y del sexo.

El grado más alto de madurez

Creo que cuanto más ayudamos a otros a desarrollar todo su potencial en la vida, tanto más cerca estamos de la madurez. El mostrar un deseo desinteresado de que otros progresen, es la base más sólida para construir relaciones duraderas. ¿Cómo puedes equivocarte, cuando desarrollas un amor que está principalmente interesado en descubrir cuáles son las necesidades específicas de tu esposa y buscar formas creativas para satisfacerlas?

Aprendiendo a desarrollar un amor duradero y maduro

¿Cuál piensas que es el mayor impedimento para que la mayoría de los esposos desarrollen un amor duradero por sus esposas? Yo he descubierto que es el no satisfacer las necesidades de la mujer desde *el punto de vista de ella*.

Cuando Ana me dijo que no se sentía amada en determinadas áreas, Miguel se quedó pasmado, y preguntó a su esposa: —¿Qué quieres decir?

—Bueno, durante años has sido un esposo magníficco y una persona muy atenta; y has tenido muchas delicadezas conmigo —explicó ella con cariño—. Pero algunas veces, haces cosas que no necesito, y apreciaría el que averiguaras aquello que es importante para *mí*.

A pesar de las brillantes ideas de un hombre, el tiro puede salirle por la culata: como la vez que decidí que se pintara la casa para darle una sorpresa especial a mi mujer. Lo que yo consideraba algo especial, resultó no serlo tanto para ella —aunque agradecía que pintara la casa, hubiera preferido mucho más tener un nuevo linolio en la cocina. Cuando me di cuenta de aquello, detuve mis proyectos para comprarle el nuevo linolio. Luego hicimos una lista de prioridades desde su punto de vista —¡eran bastante diferentes a las mías!

El hacer cosas para otros a *nuestra* manera, es una forma egoísta e inmadura de amor. Mi corazón se conmueve al pensar en las esposas que han recibido mesas de billar para Navidad, billetes para un viaje a los pantanos de pesca de Luisiana, o invitaciones para el baile de los conductores de tranvías.

Si no lo has hecho nunca, averigua lo que necesita *tu esposa* para sentirse realizada como mujer; y luego busca maneras especiales de satisfacer sus necesidades. Al principio, puede que ella no crea que tu actitud solícita durará; pero no te desesperes: el desarrollar una relación robusta requiere mucho tiempo.

Muchas mujeres son cautelosas en un principio, cuando ven a su cónyuge hacerse más solícito: como en el caso del esposo que después de oír una conferencia sobre el amor y el matrimonio, sorprendió a su esposa con una caja de dulces y una docena de rosas. "Oh, esto es terrible" —dijo ella llorando—. "El bebé se corta el dedo, yo quemo tu cena por no poder desasirme del vendedor de aspiradoras, la pila está atascada. . . ¡y ahora *tú* vienes a casa borracho!"

No te sorprendas si tu esposa no entiende tus acciones al principio; pasaron por lo menos dos años antes de que la mía admitiera que yo estaba realmente cambiando —ahora sabe que me he comprometido a pasar el resto de mi vida desarrollando nuestra relación y satisfaciendo sus necesidades.

El aprender a amar a tu esposa de una manera madura, es como cultivar un productivo huerto de verduras. Si has intentado hacer esto último, apreciarás la comparación.

Durante nuestro primer año en Texas, decidimos plantar un huerto de verduras. Después de barbechar un pequeño trozo de tierra, eché en él casi medio saco de fertilizante, y lo dejé descansar durante tres meses para asegurarme un huerto lozano. Pero algo salió mal. Cuando las zanahorias brotaron tenían un color un poco marrón alrededor de los bordes; todos los tomates comenzaron a pudrirse por abajo antes de madurar, así que tuvimos que recogerlos cuando todavía estaban verdes; ninguna de nuestras plantas de frijoles sobrevivió por encima de los doce centímetros; y nuestros pepinos mordieron el polvo.

Yo estaba verdaderamente perplejo, hasta que un hortelano experto me dijo que había "quemado" mis verduras al echarles demasiado fertilizante. Mis intenciones eran buenas; pero el conocimiento que tenía, limitado. Un esposo puede fracasar de manera muy parecida, si no sabe exactamente cuánto de cada "ingrediente amoroso" necesita su esposa. De hecho, este libro se ha escrito para darte algunas pautas muy específicas con objeto de que "cultives" un matrimonio más robusto.

He visto muchas relaciones conyugales que se parecían exactamente a como está mi huerto en la actualidad: está lleno de maleza e invadido por la hierba —es decir, descuidado. A menudo he pensado lo magnífico que sería si las verduras pudieran hablar; si tan sólo los frijoles hubieran podido decir: "¡Eh tú, el de ahí arriba! Te estás pasando poniendo fertilizante en este huerto, y nos estás haciendo pasarlo mal. Los productos químicos nos están matando, y si no haces algo al respecto, vamos a morir todos". Si mis legumbres hubieran hablado, yo habría tenido el mejor de los huertos. Por fortuna, mi esposa sí puede hacerlo; y me es posible preguntarle *lo que* necesita exactamente, en *qué cantidad*, y *cuándo* lo necesita.

(Esposas, si están leyendo esto, déjenme asegurarles que los esposos por lo general *no* sabemos lo que ustedes necesitan; así que les pedimos que nos ayuden a saberlo diciéndonos sus necesidades de una manera tierna y amorosa. Dennos a entender cuándo no estamos satisfaciendo dichas necesidades —pero no de una manera crítica, la cual podría hacer que perdiéramos el interés.)

Ya que el satisfacer las necesidades de tu esposa es la llave de oro para tener un matrimonio satisfactorio, el resto de este libro trata de dicho asunto.

Las necesidades de tu esposa

Yo creo que la esposa necesita estar en armonía con su esposo mediante una relación profunda e íntima. Ella precisa compañerismo, armonía, y sentirse estrechamente unida con su cónyuge.

Pienso que para satisfacer a tu esposa, debes realizar un esfuerzo consagrado con objeto de hacer frente a cada una de sus necesidades que se explican más abajo y se amplían en capítulos sucesivos:

1. Tu esposa necesita sentir que es muy valiosa para ti: más importante que tu madre, tus hijos, tus amigos, tu secretaria y tu trabajo.
2. Ella precisa conocer que estás dispuesto a compartir un momento íntimo de consuelo sin pedir explicaciones o dar sermones.
3. Necesita una comunicación abierta y sin obstáculos.
4. También tiene necesidad de ser alabada de tal manera que pueda sentirse una parte valiosa de tu vida.
5. Precisa experimentar libertad para ayudarte sin temor a que haya represalias o ira de tu parte.
6. Necesita conocer que la defenderás y protegerás.
7. Tiene necesidad de saber que su opinión te es tan valiosa, que tratarás las decisiones con ella, y actuarás únicamente después de evaluar cuidadosamente su consejo.
8. Ella necesita compartir su propia vida contigo en cada área: en el hogar, en la familia, y en los intereses exteriores.
9. Tu esposa precisa que seas la clase de hombre a quien tu hijo puede seguir, y con quien a tu hija le gustaría casarse.

Cuando sus necesidades están satisfechas, una mujer gana confianza y experimenta una sensación de bienestar —parte de la cual irá a parar a ti; especialmente si eres el responsable de la misma en primer término.

Tres salvaguardias para leer el resto de este libro

Espero que con cada capítulo, pondrás en práctica estas "salvaguardias", ya que las ideas que expongo son de índole general.

Primera: Discute cada capítulo con tu esposa para ver si ella está de acuerdo o no con el mismo. Piensa en ella como en una flor. Todas las flores son bonitas, pero cada una necesita una cantidad determinada de luz solar, de substancias nutritivas y de agua para florecer. Necesitas descubrir quién es ella en realidad; especialmente a medida que cambia año tras año.

Segunda: Una vez que ella haya compartido sus necesidades peculia-res, exprésalas otra vez con tus propias palabras hasta que *tu esposa* te diga que has captado el significado de las mismas. Es responsabilidad tuya el averiguar lo que tu esposa quiere decir, cuando expresa: "Dijiste que volverías dentro de un *ratito*". Un ratito puede significar treinta minutos para ella y dos horas para ti.

Tercera: Es importante que recuerden lo diferentes que son el uno del otro como varón y hembra. Generalmente, una esposa es por natu-raleza más sensible en cuanto a las relaciones, y está más consciente de las mismas que su esposo. Intenta comprender que probablemente ella sentirá, verá y oirá más que tú. Cuando tu esposa te diga algo, permite que cale; y haz un esfuerzo suplementario por comprender tu relación como ella la ve.

100 FORMAS

El resto de este capítulo está dedicado a mostrarte cien formas en las que puedes amar a tu esposa *a la manera de ella*. Discute con ésta la siguiente lista, y pídele que marque aquéllas que le significan algo per-sonalmente, y que las coloque por orden de importancia para ella. Utiliza dicha lista como una base para conocer sus criterios. Estoy convencido de que tu relación se verá en gran manera fortalecida a medida que aprendas a usar estas sugerencias:

1. Comunícate con ella; nunca la excluyas.
2. Considérala importante.
3. Haz todo lo posible por comprender sus sentimientos.
4. Interésate en sus amigos.
5. Pídele a menudo su opinión.
6. Aprecia lo que dice.
7. Déjale sentir tu aprobación y afecto.
8. Protégela diariamente.
9. Sé amable y tierno con ella.
10. Desarrolla un sentido del humor.
11. Evita hacer cambios importantes bruscos sin tratarlos con ella y sin darle tiempo para adaptarse.
12. Aprende a responder abierta y verbalmente cuando ella quiere comunicarse contigo.
13. Consuélala cuando está desmoralizada; por ejemplo poniendo tus

brazos alrededor de ella y teniéndola así silenciosamente durante unos pocos segundos, sin sermones ni reprensiones.

14. Interésate en lo que ella siente que es importante en la vida.
15. Corrígela con cariño y tiernamente.
16. Permítele que te enseñe sin levantar tus defensas.
17. Dispón de ratos especiales para ella y para los hijos.
18. Sé digno de confianza.
19. Dale cumplidos a menudo.
20. Sé creativo al expresar tu amor, tanto con palabras como por tus acciones.
21. Ten objetivos familiares específicos para cada año.
22. Déjale comprar cosas que ella considera necesarias.
23. Perdónala cuando te ofende.
24. Muéstrale que la necesitas.
25. Acéptala como es, y descubre su individualismo como persona especial.
26. Admite tus propios errores; no tengas temor de ser humilde.
27. Guía a tu familia en su relación espiritual con Dios.
28. Permite que tu esposa falle; habla de lo que haya salido mal después de haberla consolado.
29. Fricciónale los pies o el cuello al final de un día duro.
30. Toma tiempo para sentarte con ella y hablar tranquilamente.
31. Da paseos románticos.
32. Escríbele una carta de vez en cuando, diciéndole cuánto la quieres.
33. Sorpréndela con una tarjeta o flores.
34. Expresa lo mucho que la aprecias.
35. Dile cuán orgulloso estás de ella.
36. Aconséjala de una manera amorosa cuando te pida asesoramiento.
37. Defiéndela delante de otros.
38. Prefiérela a los demás.
39. No esperes de ella que realice actividades superiores a su capacidad emocional o física.
40. Ora para que ella disfrute de lo mejor de Dios en la vida.
41. Toma tiempo para notar lo que ella ha hecho por ti y por la familia.
42. Muestra cuán orgulloso estás de tu esposa con otra gente cuando ella no está presente.
43. Comparte tus pensamientos y sentimientos con ella.
44. Háblale de tu trabajo si está interesada en él.

45. Toma tiempo para ver cómo emplea su día —en el trabajo o en casa.
46. Aprende a disfrutar de lo que a ella le gusta.
47. Hazte cargo de los niños antes de la cena.
48. Ayuda a ordenar la casa antes de las comidas.
49. Déjale darse un baño mientras friegas los platos.
50. Comprende sus limitaciones físicas si tienen varios niños.
51. Disciplina a tus hijos con amor, no con ira.
52. Ayúdala a llevar a cabo sus objetivos: pasatiempos favoritos o educación.
53. Trátala como si Dios hubiera estampado en su frente: "Manéjese con cuidado".
54. Despójate de los hábitos que la molestan.
55. Sé amable y considerado con sus familiares.
56. No compares de manera negativa los parientes tuyos con los de ella.
57. Dale las gracias por cosas que ha hecho sin esperar nada a cambio.
58. No esperes que una banda de música toque cada vez que ayudas con la limpieza de la casa.
59. Asegúrate de que ella comprende todo lo que estás planeando hacer.
60. Haz cosas pequeñas para ella: como darle un beso inesperado, llevarle un café a la cama.
61. Trátala como a alguien intelectualmente igual.
62. Averigua si desea que se la trate como a alguien físicamente más débil.
63. Descubre sus temores en la vida.
64. Ve lo que puedes hacer para eliminar dichos temores.
65. Descubre sus necesidades sexuales.
66. Pregúntale si quiere hablar acerca de cómo satisfacer dichas necesidades.
67. Averigua lo que la hace sentirse insegura.
68. Planeen su futuro juntos.
69. No se peleen por palabras, pero intenten descubrir significados escondidos.
70. Practica la cortesía elemental: como mantener la puerta para ella, sirviéndole el café.
71. Pregúntale si la ofendes sexualmente de alguna forma.
72. Inquiere de ella si está celosa de alguien.

73. Entérate si le desagrada la manera en que se gasta el dinero.
74. Sal con ella de vez en cuando.
75. Cógela de la mano en público.
76. Pon tu brazo alrededor de ella delante de amigos.
77. Dile a menudo que la quieres.
78. Recuerda los aniversarios, los cumpleaños y otras ocasiones especiales.
79. Aprende a disfrutar el ir de compras.
80. Enséñale a cazar y pescar, o a hacer cualquier otra cosa que te guste.
81. Hazle un regalo especial de tiempo en tiempo.
82. Comparte las responsabilidades de la casa.
83. No menosprecies sus características femeninas.
84. Déjala expresarse con libertad, sin temor a que se la llame tonta o ilógica.
85. Escoge cuidadosamente tus palabras —especialmente cuando estés airado.
86. No la critiques delante de otros.
87. No te muestres emocionado por los rasgos físicos de otra mujer si eso la molesta.
88. Sé sensible con otras personas.
89. Hazles saber a tu familia que deseas pasar ratos especiales con ellos.
90. De vez en cuando prepárale la cena a tu esposa.
91. Sé benévolo con ella cuando está enferma.
92. Llámala por teléfono si vas a llegar tarde.
93. No discrepes con ella delante de los niños.
94. Llévala a cenar fuera y escápense juntos algunos fines de semana.
95. Haz de vez en cuando las "cosas pequeñas" que ella necesita.
96. Concédele ratos especiales para estar a solas o con sus amigas.
97. Cómprale lo que ella considera un regalo íntimo.
98. Lee un libro que ella te recomiende.
99. Dale una placa grabada que le asegure de tu amor eterno.
100. Escríbele una poesía acerca de lo especial que ella es.

Si tu esposa reacciona persistentemente de un modo negativo hacia ti, quizás, sea porque se sienta amenazada en una de estas dos áreas importantes, o en ambas: 1) su seguridad; 2) sus relaciones establecidas.

Para meditación personal

1. ¿Quién dijo Jesús que sería el mayor en su reino?
   Mateo 20:25–28.
2. Si deseamos renovar nuestra mente y pensar como Cristo,
   necesitamos considerar:
   - ¿Cuáles eran sus pensamientos? Filipenses 2:5–8.
   - ¿Cuáles eran los pensamientos de Pablo sobre el mismo
     tema? Filipenses 2:17, 22, 25.
3. Ya que un esposo debe amar a su esposa como Cristo ama a
   la iglesia, ¿cómo ama Cristo a la iglesia? Efesios 5:25–27, 29.

3. Si tu esposa no alcanza el primer puesto, ¡pierdes!

"Porque donde esté vuestro tesoro, allí estará también vuestro corazón" (Mateo 6:21).

Tuve la oportunidad de entrevistar a algunos de los miembros casados de una conocida cuadrilla que dirige los vítores para un equipo de fútbol de la Liga Nacional; y me di cuenta de que se enfrentaban a muchos de los mismos problemas de las otras mujeres casadas. Una de aquellas vitoreadoras decía que su mayor desilusión era saber que no es la persona más importante en la vida de su esposo.

"Incluso el perro es más importante para él que yo" —expresaba—. "Llega a casa y juega con el perro; y luego tiene más bien la actitud de: ¿Cuándo va a estar lista la cena?" —dijo suspirando.

El afecto chispeante de una mujer por su esposo, disminuye cuando éste comienza a preferir otras actividades u otras personas a ella. Muchas veces, el hombre ni siquiera se da cuenta de la manera en que sus prioridades mal colocadas dañan a su esposa y a la relación entre ambos. Para que un matrimonio florezca, la esposa necesita desesperadamente saber que ocupa un lugar muy especial en el corazón de su esposo.

Muchos esposos sufren una conmoción cuando sus esposas les dejan "sin razón" después de veinte o incluso treinta años de matrimonio; y sienten que estaban proveyendo todo aquello que sus esposas hubieran podido necesitar: una casa bonita, un buen automóvil, bastante dinero para educar a sus hijos... Y sin embargo, eso no era suficiente. ¿Por qué? Una mujer necesita mucho más que "cosas".

He conocido a hombres de negocios con inventiva, que ganan grandes cantidades de dinero gracias a su habilidad financiera y mantienen contentos a sus empleados mediante el respeto y siendo conscientes de las necesidades de éstos. ¿No resulta irónico que hombres tan inteligentes puedan volver a casa por la noche y ni siquiera sepan cómo aplicar los mismos principios con su esposa? ¿Podría ser que sus logros más importantes terminaran a las cinco de la tarde?

Sin pretenderlo, un esposo puede comunicar a su esposa en forma no verbal, que otra gente u otras actividades son más importantes para él que ella. ¿No has oído hablar de las viudas del golf? Ya se trate del golf o del tenis, de las actividades de club o del liderato en la comunidad, tu esposa y tu felicidad matrimonial sufrirán si la mayoría de tu tiempo y de tus esfuerzos están dirigidos hacia otros intereses que sólo le dejan a ella sobras frías. Una esposa puede sentirse menos importante con sólo comparar el tiempo que su cónyuge le dedica con el que pasa en otros lugares. Las mujeres notan cómo nuestros ojos se iluminan y toda nuestra personalidad cambia cuando hablamos de pescar, de cazar o de realizar otras actividades. Si tu esposa no percibe en ti esa misma emoción cuando te encuentras con ella, experimenta un sentimiento torturador de fracaso; ya que piensa que ella no te resulta tan atractiva como tus actividades o tus amistades. Esto puede ser algo devastador para el sentido de valor personal de una mujer.

Mi propia esposa me ilustró gráficamente este concepto tan importante durante nuestro quinto año de casados.

En cierta ocasión, llegué a casa para comer al mediodía, y la encontré de pie silenciosamente al lado de la pila de la cocina —ni siquiera interesada en hablar cuando traté de entablar conversación. En un momento de discernimiento, percibí que me hallaba en apuros. Entonces recordé su frialdad hacia mí durante los días anteriores, la cual yo había atribuido equivocadamente a algún tipo de "cambio hormonal".

—¿Va algo mal entre nosotros? —le pregunté.

—No importa; de todas formas no lo entenderías —contestó ella.

—Fíjate, estoy perdiendo las ganas de volver al trabajo ahora mismo. Me doy cuenta de que aquí hay algunos problemas reales; ¿no te gustaría hablar de ello? No sé con seguridad qué estoy haciendo mal.

—Aunque te lo dijera, no comprenderías o no querrías cambiar, así que: ¿para qué hacerlo? No hablemos de ello, es demasiado doloroso: me desanima y decepciona cuando dices que vas a hacer algo, y luego no lo haces.

Pero yo resistí cariñosamente, diciéndole que deseaba que lo compartiera conmigo; que sencillamente no comprendía lo que pasaba. Por último, pudo expresar con palabras cuáles acciones durante los cinco años anteriores nos habían separado el uno del otro y me estaban haciendo violar un principio bíblico importante.

—Realmente prefieres estar en el trabajo, o con tus amigos, o aconsejando a gente, en vez de pasar tiempo conmigo —me dijo.

Le pedí que se explicara.

—Si alguien te llama cuando tenemos algún plan, eres propenso a decir: Déjame verificar con mi esposa para ver si puedo posponer nuestros proyectos. Sencillamente, no alcanzo a creer que me harías esto una y otra vez.

Le expuse que me era más fácil decirle a ella que no, que hacerlo con otra gente.

—¿Y qué me dices de cuando cocino una cena especial, a veces poniendo incluso velas en la mesa? Vienes a casa o llamas para decirme que has tenido que hacer otros planes. Sales a algún sitio, con otra gente, como si yo ni siquiera existiese; como si no significara nada en absoluto el que hubiera hecho un esfuerzo extraordinario para ti.

Y continuó: —Ya no me importa; ni siquiera deseo hacerte más esas cosas especiales. Me has decepcionado tantas veces que sencillamente no puedo soportarlo emocionalmente.

Me hizo comprender que aunque yo siempre tenía tiempo para alguien que necesitara consejo, no me esforzaba nada por pasar ratos con ella; y, según dijo, cuando le dedicaba tiempo, no me concentraba tanto ni sentía la misma emoción por estar en su compañía.

La escuché mientras revelaba sus sentimientos más profundos durante varias horas. Realmente no sabía qué hacer, y no estaba seguro de poder cambiar. Pero era capaz de comprender sus quejas: la había descuidado y ofendido con mi falta de amor. Sin embargo, cuando concordé con ella, mi esposa se mostró indiferente, y pude ver que se había rendido.

Ella me ayudó a descubrir cómo estaba violando el principio bíblico de 1 Pedro 3:7, y desde entonces, he llegado a comprender que se trata de la piedra angular de todas las relaciones: *Darle honor*. Honrar significa fundamentalmente atribuir valor, dignidad o importancia a una persona o una cosa. Norma se sentía menos importante que mi vocación y mis actividades; y sin darme cuenta de ello, yo no la estaba honrando como a la segunda persona más valiosa en mi vida —siendo lo primero mi relación con Cristo.

—¿Me podrías perdonar por la manera en que te he tratado? —pregunté—. Estoy dispuesto a cambiar; realmente me propongo hacerlo.

—¡Claro! Ya he oído antes esa canción —dijo ella con escepticismo.

No sabía cuánto tiempo me llevaría reformarme; pero sí que la próxima vez que alguien llamara precisamente antes de la cena, tendría que preguntar: "¿Se trata de una emergencia, o podríamos resolverlo mañana?". Necesitaba demostrarle a ella que realmente lo de satisfacer sus necesidades *en primer lugar* iba en serio.

Quería decirle que era la persona más importante en mi vida; *deseaba* verdaderamente sentirlo así. Al principio no tenía dichos sentimientos, pero los *quería*. Cuando intenté hacerla más importante para mí que ninguna otra persona, pronto comencé a *sentir* que era la prioridad suprema. Los sentimientos *siguieron* a los pensamientos y a las acciones. En otras palabras: el sentimiento apasionado que tengo por Norma, comenzó a arder *después* de ponerle la "corona real" sobre su cabeza.

Mi orgullo fue quebrantado, mi ego magullado, y mis sentimientos heridos en las numerosas caídas de la armonía conyugal, durante los primeros dos años de vivir estos principios; y ya que traté con tanto ahínco de que los mismos funcionaran, por último Norma creyó que era serio en mi empeño por cambiar. Pero se necesitaron dos años para convencerla.

He aprendido de Norma y de otras esposas con las cuales he hablado que las mujeres necesitan ver esfuerzo, y no meramente oír promesas. Dale a tu esposa tiempo para que te observe escalar la montaña si no cree lo que dices al principio. Muéstrale que estás aprendiendo a subir trepando los peñascos y a saltar por encima de las hendiduras. Cuanto más *constantes* seamos en nuestro amor como esposos, tanto más dignos de confianza llegaremos a ser para nuestras esposas; y pronto se unirán a nosotros para ascender de la mano hacia la meta de un matrimonio amoroso.

La manera más importante en la cual haya expresado jamás mi amor a Norma, fue cuando finalmente le atribuí un gran valor: ahora es más importante para mí que ninguna otra persona o cosa en este mundo —y ella lo sabe.

Evidencia que las mujeres necesitan antes de creer a sus esposos

Las mujeres necesitan pruebas de cambio en por lo menos tres áreas antes de dar crédito al compromiso de su esposo.

Escuchar cuidadosamente sin justificarse o discutir

¿Puedes imaginarte a un esposo capaz de justificar todo lo que hizo que hirió a su esposa? Carlos pensó que podía hacerlo. El y su esposa no podían hablar durante más de quince minutos sin caer en una discusión acalorada; e inevitablemente, mediante las deducciones lógicas del hombre, terminaba siendo culpa de ella.

Por último, Carlos dijo a Carmen que realmente quería cambiar y amarla. Pocas horas más tarde, ella sugirió que tomaran una corta y tranquila vacación únicamente para que volvieran a conocerse.

—¿Podríamos tomar tan sólo una semana de vacaciones? —preguntó ella.

—¿Estás bromeando? —replicó Carlos, destruyendo así las esperanzas de su esposa en cuanto a conseguir un mejor entendimiento entre ambos—. ¿Quieres decir que pretendes que pague el alquiler del piso y además un motel? ¡Eso es doble alquiler!

El asunto se convirtió en una pelea que dio como resultado más riñas a medida que los meses fueron pasando; hasta que su relación se deterioró y finalmente ella se fue. Carlos se había negado a escuchar sin discutir las necesidades de su esposa, y como resultado la perdió.

A menudo, resulta difícil para un hombre conversar con su esposa sin impugnar el significado de diferentes palabras que ella emplea para explicar cómo se siente interiormente. Si el esposo puede *pasar por alto las palabras en sí* que su esposa utiliza para expresarse y seguir activamente *lo que ésta quiere decir*, habrá menos discusiones. A un hombre que conozco, le resulta casi imposible hacer tal cosa. Cuando su esposa emplea la frase "tú *nunca* haces esto", o "tú *siempre* haces aquello", responde inevitablemente: "Espera, querida, no *siempre* hago eso"; o comienza a analizar la afirmación de ella para probar su error. Diez minutos después han empezado otra acalorada discusión. En la comunicación, es esencial el *mirar más allá de las palabras* al significado real de lo que se está diciendo.

No hay significado en una palabra; el significado está en la gente

Cada persona tiene su propia definición para una palabra determinada; y le atribuimos significados basándonos en nuestras experiencias particulares. Así que, cuando intentamos comunicarnos con otro individuo, empleamos palabras que creemos transmitirán exactamente nuestros pensamientos. Por ejemplo, puede que en este libro yo use términos que te gustan, y otros que te irritan; e incluso es posible que seas indiferente a mis palabras ya que tienes otro marco de referencia, o porque mis definiciones quizás sean diferentes a las tuyas. Es por ello que trato de ilustrar todo aquello que considero importante intentando encontrar nuestro punto de referencia común.

Si podemos dejar de justificar nuestras acciones y de discutir acerca de las palabras que utilizan nuestras esposas, nos será posible llegar al corazón del asunto. Podemos tratar de poner en nuestras propias palabras las declaraciones que hacen hasta que ellas mismas nos confirmen que hemos captado su significado: "¿Es esto lo que te cuesta tanto decir?" Una relación en brote entre esposos puede ser atrofiada por cierta actitud de superioridad masculina.

Presteza para admitir el error

Un sinnúmero de esposas e hijos me han contado cómo las relaciones en su familia se debilitaron debido a la renuencia de un esposo o padre a admitir sus errores. Aunque algunas veces los esposos piensan que el reconocer los fallos que han cometido revelan sus debilidades, la verdad es lo contrario. Tan sólo recuerda en tu propia vida las veces que alguien admitió haberte ofendido. Es muy probable que tu respeto por él o por ella aumentara en lugar de disminuir.

Cierto amigo mío me contó de una ocasión en la que hizo una declaración racialmente despreciativa a un asociado suyo durante el día. El hombre se ofendió; no obstante no discutieron la situación. Mi amigo partió en su auto sintiéndose de alguna manera intranquilo y culpable por lo que había dicho; y antes de llegar a su casa, dio media vuelta y volvió a enfrentarse con el hombre.

Luego, entrando en la habitación, expresó: "Hace unos minutos te dije algo muy insultante. Sé que hice mal, y he vuelto para pedirte que me perdones por ello".

El otro casi se desplomó. Desde luego que le perdonó; y estoy seguro de que su respeto por mi amigo se hizo dos veces mayor. Un reconocimiento humilde del error produce resultados positivos. Cuando el esposo admite que ha herido a su esposa, ésta se siente mejor sólo con saber que él comprende —su admisión del agravio da como resultado un matrimonio más robusto.

Paciencia cuando ella está reacia a creer que él ha cambiado

¿Y qué si has estado haciendo todo lo que está en tu mano para demostrar a tu esposa que ocupa el primer lugar en tu vida, y ésta todavía no cree que has cambiado? ¿Te rindes con un gesto de hastío? ¿O la convences cariñosamente a lo largo de un período de tiempo? Espero que escojas lo último. El respeto que ella te tenía al principio no se desvaneció de la noche a la mañana; y no se puede conseguir de nuevo en un día. Muéstrale que sin importar el tiempo que te lleve, quieres ganarte dicho respeto.

Dos razones por las cuales una mujer puede llegar a ser menos importante para su esposo

¿Cuál es la causa de que un hombre vuelva a casa después del trabajo, coja a su hijito, y le bese y abrace amorosamente, sin ni siquiera saludar a su esposa? ¿Cómo puede un esposo ir directamente al garaje para comenzar un proyecto sin por lo menos hacer saber a su esposa que ha llegado cuando pasa a su lado por la cocina? *¿Por qué pierde* un hombre el cariño y el entusiasmo por su esposa después del matrimonio? Creo que hay dos razones principales:

1. Los hombres persiguen y cautivan a las mujeres con palabras, flores o cualquier otra cosa que necesiten para *ganarlas*; pero después de la boda sienten que las han conquistado. Ahora ella le pertenece, así que no necesita mantener el mismo nivel de entusiasmo y creatividad que antes de casarse —es suya emocional y legalmente. Puede que el esposo se diga a sí mismo: "Ya tengo a mi esposa. Ahora he de conquistar mi negocio. . . llegar a ser un mejor cazador. . . comenzar una familia. . .". Cada frontera se considera como una nueva conquista, una nueva experiencia.

2. Casi todo es dulce para un hombre hambriento; pero cuando está saciado aun la miel le da náusea (Proverbios 27:7). En un sentido muy real, un hombre se sacia cuando se casa, ya que su esposa es ahora parte de sí mismo. El cree que la ha conocido a ésta en todos los aspectos: espiritual, emocional, mental y físico; y quizás sienta que no le queda nada por saber acerca de ella. Está satisfecho, y por lo tanto tiene la tendencia a buscar otras "fronteras" potenciales.

Es saludable para un matrimonio introducir cierta chispa creativa en su relación, permaneciendo así un reto el uno para el otro. Recuerdo que éste fue el factor motivador en mi atracción por Norma. Hacía tres años que salíamos informalmente, cuando oí que ella estaba empezando un trato serio con otro. En cuanto imaginé que la perdía, me volví mucho más creativo, desafiándome a mí mismo a restaurar nuestra relación.

Pero, como tantos otros hombres, después de casarnos concentré mi atención en otras conquistas: tales como los estudios y mi profesión. Al no ser ya una prioridad el ganar su cariño seguí sencillamente adelante ocupándome de las cosas que con más exigencia requerían mi interés. Ahora me parece, que cuando una esposa aprende a usar de nuevo un poco de misterio en su relación matrimonial, ello estimula el interés de su esposo. Tal misterio no consiste simplemente en "hacerse la interesante"; sino que es más bien un asunto de confianza en sí misma. Se trata de hacer saber a su esposo que no depende totalmente de él; que hay también otras áreas que la satisfacen —como por ejemplo su relación con Dios.

Cómo ganar el amor de tu esposa y más

Si se tratara de escoger entre una velada con tus amigos o una noche con tu esposa, ésta necesita saber que elegirías su compañía sencillamente porque te gusta estar con ella. Del mismo modo, si las opciones fueran los niños o ella, tu esposa ha de saber que la escogerías a ella. Una esposa tiene necesidad de sentir que es la número uno; y cuando se encuentra satisfecha porque ocupa el primer lugar en tu vida te animará a que hagas aquellas otras cosas que te gustan. Por ejemplo: Ahora estoy pasando seis semanas lejos de mi esposa y de mis hijos para escribir este libro. Hace algunos años, mi esposa se hubiera sentido abrumada con sólo la sugerencia de una separación tan larga. Sin embargo, hoy es tan entusiasta como yo mismo acerca de la misma; porque sabe que voy a poder cumplir *nuestro* sueño de escribir las convicciones internas que tenemos acerca del matrimonio. Y lo que es todavía más importante: sabe que yo preferiría estar con ella a encontrarme aquí con mi máquina de escribir y mi editor.

El poner a tu esposa en el primer lugar, no le encadena a uno a la casa; sino que más bien te libera del temor de volver a ella.

"¿Por qué no me dejas ir sola a la reunión esta noche para que puedas asistir al partido de baloncesto?" —dijo María. Aquello supuso un golpe agradable para su esposo. No hacía tanto, habían tenido desavenencias acerca del insaciable apetito que éste sentía por dicho deporte; y de hecho, estaban pensando separarse porque él no poseía el conocimiento o las habilidades necesarias para tratar a María como era debido, ni ella la fortaleza emocional para continuar viviendo con él o amándole. Hoy él antepone regularmente a su esposa ante su trabajo y sus actividades;

y María se encuentra libre para estimular los intereses externos de su esposo, sabiendo que ella está a la cabeza de la lista de éste.

También mi esposa me anima a disfrutar de mi interés por la caza y la pesca, porque se siente segura en su posición de importancia. Si surge una emergencia, ella sabe que mi primer compromiso consistirá en cuidar de ella misma y de los niños, no en mi disfrute recreativo.

Cuanto más importante se siente una esposa para su esposo, tanto más le anima a él a hacer aquellas cosas que sabe que le gustan.

¿Te preguntas si tu esposa siente que es más importante que otras personas o cosas en tu vida? Completa el siguiente ejercicio, y creo que lo averiguarás.

En primer lugar, haz una lista de tus pasatiempos favoritos.

_____

_____

_____

_____

_____

¿Qué actividad te resulta agradable después del trabajo?

Lunes _____

Martes _____

Miércoles _____

Jueves _____

Viernes _____

Sábado _____

Domingo _____

¿Dónde te gusta pasar tus vacaciones?_____

_____

_____

Ahora, mira atrás a esas tres listas y pregúntate: "¿Hay alguna cosa en las listas que preferiría hacer antes que estar con mi esposa?". Probablemente sí. Y si ese es el caso, con bastante seguridad ya le habrás "comunicado" a tu esposa que ella no es tan importante para ti como tus actividades, aun cuando no hayas pronunciado nunca esas palabras. Ya que las mujeres tienen una percepción extraordinaria, ella sabe dónde está tu corazón —aunque no hayas dicho nada. Pero eso no significa que sea demasiado tarde para cambiar.

El "radar" de tu esposa puede detectar tu sinceridad

Los hombres cuidan bien aquello que aprecian; o, como dijo Cristo: "Porque donde esté vuestro tesoro, allí estará también vuestro corazón" (Mateo 6:21). Si tu pasatiempo favorito es pescar, probablemente te mostrarás indeciso en cuanto a prestarle a otro tu caña y tu carrete. Si te gusta cazar, seguramente sabrás cómo engrasar escopetas y sacarles brillo. Basándote en la cantidad de tiempo que empleas en cada actividad, tu esposa puede sentir cuál es la más importante para ti; y si notas que no eres tan cuidadoso con ella como con otros intereses, sabrá que ella no tiene la misma importancia en tu vida. Tal sentimiento destroza su sentido de valor personal, y puede dar como resultado problemas tanto físicos como emocionales. Las emociones con las que ahora lucha, quizás salgan a la superficie años más tarde en forma de dolencias físicas graves y costosas.

Sin embargo, algunos esposos se sienten amenazados por la idea de tratar a sus esposas de un modo especial; temiendo que saldrán perdiendo en cuanto a sus amigos, sus profesiones o sus pasatiempos. Creen equivocadamente que si abandonan otras actividades para estar con sus esposas, perderán aquéllas para siempre. Recuerda: cuando una esposa siente que ella es lo más importante para su esposo, le entusiasma que éste pueda hacer aquellas cosas que quiere.

Cómo gané el amor de mi esposa y todo lo demás

Después de diez años de matrimonio, sentía que finalmente estaba comenzando a obtener éxito en mi trabajo. Tenía el privilegio de hablar con regularidad en nombre de varias organizaciones, tanto en nuestra ciudad como por todo el país. Mi esposa y yo poseíamos una hermosa casa y teníamos dos hijos. ¿Qué más podía desear un hombre? Entonces, desde mi punto de vista, una tragedia ocurrió en nuestro matrimonio: Norma quedó embarazada de nuestro tercer niño. Yo no estaba entusiasmado, sino en todo caso deprimido; dándome cuenta de que hacía sólo dos años que nuestro hijo más pequeño había dejado de usar pañales. Acababa de empezar a disfrutar de mis niños, y el pensamiento de tener a otro bebé en la casa resultaba casi abrumador.

Aunque trataba de ser atento con Norma, no podía ocultar mi desilusión. Me temía que no podría viajar tanto y tendría que ocupar una posición menos prestigiosa en la compañía. Mi cantidad de trabajo aumentaba a medida que pasaban los meses, por lo que le advertí a mi esposa que no me sería posible ayudarla con los niños debido a las exigencias de mi ocupación. Incluso el mismo día en que nació nuestro hijo, me preocupaba por las fatigas suplementarias que añadiría a mis sueños profesionales.

La salud de Norma sufrió durante el primer año después de que naciera el pequeño, a causa de las largas horas en vela y de la responsabilidad de tener que cuidar de los otros dos niños pequeños. Nuestro bebé tuvo que ser operado y estaba a menudo enfermo, lo cual añadía a su carga. ¡Qué cruel fui durante ese año! En cualquier momento en que el niño lloraba por la noche o necesitaba una atención especial, rápidamente le recordaba a Norma que era su hijo. Ella quería otro bebé, no yo.

Un año pasó de esta manera, hasta que por último Norma me dijo: "No puedo aguantarlo más. Me gustaría tener la fortaleza emocional y física para cuidar de los niños, disciplinarles y educarles; pero sencillamente no soy capaz de hacerlo con un padre ausente".

(Norma había llegado verdaderamente a un nuevo nivel espiritual al comprender que su hostilidad hacia mi horario de trabajo era en realidad una forma de resistencia a Romanos 8:28. Dios puede hacer que todas las cosas ayuden a bien a aquellos que le aman; y especialmente a aquellos que aman a otros [llamados conforme a su propósito]. Ella nunca había dado las gracias a Dios por mi horario, ni le había pedido que obrara para bien en su vida. Con las responsabilidades suplementarias, finalmente se quebrantó delante de Dios y confesó que no podía luchar contra él por más tiempo respecto a mi agenda. Y esa nueva calma suya, me motivó en gran manera —exactamente como se afirma en 1 Pedro 3:1-6.)

No era exigente. No estaba airada. Sólo exponía los hechos: se hallaba agotada. Yo podía ver la *urgencia* y la *tranquilidad* en sus expresiones faciales, y me daba cuenta de que necesitaba desesperadamente mi ayuda. Me enfrentaba a una decisión importante ¿Debía ir a mi jefe y pedirle un trabajo diferente dentro de la compañía? ¿Alguno que me permitiera pasar más tiempo en casa? Era una lucha, ya que sabía que la ocupación que me dieran sería de menor prestigio; y sentía que tendría que sacrificar algunas de mis metas profesionales. Interiormente experimentaba resentimiento hacia mi hijo y hacia mi esposa por ser débiles; pero cedí. Más tarde, nervioso y avergonzado, abordé a mi jefe para explicarle que necesitaba pasar más tiempo en casa a causa de los niños, preguntándole: "¿Hay alguna posibilidad de que pudiera tener un trabajo diferente el cual me permitiera estar más en casa?"

Mi jefe cooperó amablemente dándome otro trabajo. Pero para mí, la nueva ocupación era un descenso de rango. Se me pedía que hiciera algunas cosas que sólo unas semanas antes había estado enseñando a realizar a mis subordinados. ¡Qué golpe!

Estuve hundido en la tristeza por un tiempo, pero pronto empecé a sentirme interesado en la vida del hogar. Realmente esperaba con impaciencia que llegaran las cinco. Mi familia y yo comenzamos a hacer más cosas juntos: como ir a acampar y otras actividades especiales. Antes de que pasara mucho tiempo, un nuevo amor brotó tanto dentro de Norma como de mí. Ella empezó a sentirse mejor físicamente, lo cual a su vez la hizo más alegre y sociable. También cambió, sin ninguna presión de mi parte, algunos de sus hábitos que no me gustaban. Mi "gran" sacrificio profesional parecía menor cada día comparado con la relación más rica que estábamos desarrollando.

Pocos meses después, mi jefe me dio una nueva posición en la compañía que me gustaba más que aquella que había dejado. Para entonces, Norma se sentía tan segura en cuanto a mí, que no tenía ningún resentimiento hacia mi nuevo trabajo o hacia cualquier viaje necesario que el mismo implicara. Al principio cedí y abandoné, pero a la larga salí ganando. Esto es casi exactamente como Cristo explica el principio del intercambio en Marcos 8:34–37.

Aún hoy, si pregunto a nuestro hijo Michael: "¿Por qué eres tan importante para papá?"; él dirá: "Porque te devolví a mamá y a la familia".

Los resultados increíbles de hacer que tu esposa se sienta importante

Cierta mañana, Sandra respondió tan bien a Ricardo sexualmente, que éste se quedó pasmado y sorprendido por su reacción. ¿Cómo la había Ricardo motivado? Con una simple declaración. Aquella mañana se estaba preparando para ir al trabajo, y llevaba algo de retraso, cuando oyó a Sandra quejarse de un creciente dolor de cabeza y de cuello.

—Déjame que te frote el cuello —propuso Ricardo.

—No, no tienes tiempo —replicó ella—. Has de ir a trabajar.

Su respuesta habitual hubiera sido: —Tienes razón; no quiero llegar tarde. Espero que te sientas mejor. Toma una aspirina.

Sin embargo, esa mañana en particular, dijo: —¿Sabes una cosa? Prefiero estar contigo. Déjame que te frote el cuello.

Mientras Ricardo daba un suave masaje a los tensos músculos de su esposa, continuó: "*El trabajo puede esperar. . . tú eres más importante para mí*". Ella quedó tan emocionada con su actitud, y le animó tanto su sensibilidad y ternura, que expresó que difícilmente podía resistir el deseo de entregarse a él en todo respecto.

Los hombres no somos conscientes del efecto que tenemos en nuestras esposas cuando nos comportamos con amabilidad y ternura, y les mostramos nuestra inconmovible lealtad.

¿Deseas tener un matrimonio más deleitoso? Es posible; y todo comienza amando a tu esposa por encima de cualquier otra persona o actividad.

He aquí algunas preguntas que puedes hacer a tu esposa para abrir una discusión acerca de los sentimientos reales que ella tiene en cuanto al lugar que comparte en tu vida:

1. ¿Te sientes la persona más importante en mi vida?
2. ¿Hay algunas actividades en la misma las cuales piensas que tienen para mí más importancia que tú?
3. ¿Existen algunas maneras especiales en las que crees que podría comunicarte mejor lo importante que eres para mí?

Recuerda: cuanto más hagas para construir una relación saludable, tanto mejor te sentirás respecto a tu matrimonio. Si cambias algunas de tus actividades porque deseas enriquecer la relación con tu esposa, puede que al principio creas que estás abandonando tu pasatiempo favorito; pero a la larga, no sólo ganarás un matrimonio mejor, sino también una libertad mayor para disfrutar de la vida. Hoy no cambiaría mi profundo compañerismo con Norma por nada en este mundo. Estoy descubriendo que cuanto más importante es su esposa para un hombre, tanto más le anima ella a disfrutar de la vida.

Cómo cierto oficial del ejército libró con amor a su esposa de un hospital siquiátrico

El siquiatra había ordenado que la esposa del militar fuera admitida en el hospital siquiátrico local; y el hombre se sentía aturdido y desafiado, pero no tenía ni idea de cómo podía ayudarla. Entonces, pidió consejo al capellán y supo que debía dejar que su esposa se sentara en sus rodillas y compartiera sus verdaderos sentimientos acerca de él.

El oficial siguió este consejo con gran dificultad, ya que le causaba dolor escuchar las cosas que ella decía que él estaba haciendo para debilitar su matrimonio. Mientras la esposa hablaba, sonó el teléfono, y su esposo se sintió "salvado por el gong". Ella estaba airada, porque pensaba que el hombre probablemente no volvería; pero cuando oyó por casualidad una de las afirmaciones que él hizo, ésta no sólo la guardó de un colapso nervioso, sino que la impulsó a ponerse rápidamente un camisón y desear de veras motivarlo sexualmente (algo que no había hecho durante años). Después de la llamada, ella volvió a arrellanarse tranquilamente en las rodillas de su esposo.

¿Qué le había dicho él a su superior?

Sólo le había preguntado: "Mi Coronel, ¿podría algún otro hacerse cargo de esa misión esta noche? Me encuentro en un momento muy importante con mi esposa. Es algo serio; y realmente no quiero dejarlo así". Aquel oficial había empezado a demostrar a su esposa que era de gran valor para él; y como resultado, la condición mental de ella se estabilizó y nunca tuvo que ir al hospital.

Para meditación personal

1. ¿Cuál es el significado básico de la palabra "honor"? 1 Pedro 3:7.
2. ¿Cómo pueden crecer tus sentimientos emocionales por tu cónyuge? Mateo 6:21.

4. Tu esposa necesita tu hombro, no tu lengua

"Vestíos... de entrañable misericordia, de benignidad, de humildad, de mansedumbre, de paciencia" (Colosenses 3:12).

Cuando entraba en el camino particular, oí un desagradable ruido sordo debajo de la rueda. Sólo unos segundos antes, nuestro gato había venido corriendo con expectación hacia el autómovil para darnos la bienvenida a casa.

—Ten cuidado con Puff —dijo Norma.

—Ya se apartará —le respondí.

No había estado conduciendo deprisa. *¿Qué deprisa puede uno entrar en un camino particular?* —pensaba yo.

—¡Oh, no! —susurré— ¿Puede alguien sacarme de este lío? Mi familia creyó que se trataba sólo de otra de mis bromas en cuanto a querer librarnos de nuestros dos gatos.

Nuestro hijo mayor saltó del auto, miró debajo del mismo, y cayó al suelo gritando. La niña comenzó a sollozar, y el pequeño se despertó de su siesta para unirse al coro. Luego sobrevino el jaleo. Todos empezaron a acusarme de haber matado al gato intencionalmente; ¡cómo lamenté las veces que había bromeado acerca de ello!

Puff era el hijo de nuestro otro gato. Todos apreciábamos a la mamá gata; pero ellos querían a Puff mucho más. Habíamos conservado al gatito a causa de su hernia abultada ("puffy"). Su tripa se había hecho cada vez más grande, hasta que finalmente tuve que ceder y llevarlo a un veterinario para que lo curaran. Pero la operación resultó un fracaso; y pocos meses después tuve que volver con él para otra intervención. ¡Y en primer lugar ni siquiera quería al gato! Decía a mi familia: "Desde luego, este gato me está saliendo muy caro"; y expresaba cosas que los hombres suelen decir, sin darme cuenta del daño que estaba causando a los míos.

Ahora que había arrollado al gato, me atacaban. Cuando comenzaron a gritarme, yo quería responder de la misma manera; pero algunas cosas que Norma había compartido conmigo en el pasado acerca de ella misma y de nuestros hijos, estrangulaban mis palabras. "Cuando ocurra una tragedia, no hables; tan sólo tenme o ten a los niños en tus brazos" —me había dicho ella.

Formaban tanto alboroto en el jardín, que sabía que los vecinos iban a pensar que los estaba matando; y me sentí tan avergonzado y agobiado que los metí a todos en la casa. Luego, puse mi brazo alrededor de Kari y la atraje hacia mí; pero cuando abracé a Greg, pude notar que no quería que le tocara. Intenté rodear a Norma, pero ella me dirigió una de esas miradas familiares que las mujeres guardan para cuando sus esposos meten la pata.

—Esto es lo que siempre habías deseado, ¿verdad? —me preguntó—. Querías que muriera —y con aquello entró en el dormitorio y cerró la puerta.

Pero todavía no dije nada. No me airé, aunque sentía que era incomprendido por mi familia. Sabía que el levantar la voz no ayudaría en absoluto. Ya que Michael tampoco quería que le tocara, Greg y yo salimos al camino para recoger a Puff y enterrarlo. Lo llevamos al pequeño cementerio que tenemos, donde se encuentra sepultado Peter, nuestro conejo. Greg estaba todavía sollozando. "Papá, la vida no será nunca lo mismo" —expresó. Mi hijo amaba a aquel gato casi tanto como uno pueda amar a cualquier otra cosa. Una vez que lo enterramos, yo oré, y Greg concluyó el servicio fúnebre.

Al entrar de nuevo en la casa, sentí náuseas: Allí estaba Kari, de trece años, consolando a Michael, de cinco. "Michael" —decía—,"era el momento en que Puff tenía que irse. . . Era el momento de Puff".

Cuando Greg se estaba preparando para la cama, fui a su habitación y le tomé en mis brazos. Con sus ojos enrojecidos, el niño me preguntó:

—Papá, ¿qué voy a hacer ahora cuando vuelva a casa de la escuela? ¿Qué voy a hacer? Puff ya no estará para saltar a mis brazos —yo lloré también.

La pequeña Kari se hallaba valerosamente de pie en el vestíbulo después de acostar a Michael. "Bueno, papá, todo ha pasado" —dijo—. "Era el momento de Puff. Te voy a decir lo que haremos; creo que ya podemos comer esos buñuelos" (habíamos comprado buñuelos y leche al salir de la iglesia, planeando tener un refrigerio como familia).

—Kari, tú puedes hacerlo si quieres; pero yo no sería capaz de comer. Sencillamente, no puedo tomar nada esta noche —le expliqué.

Al abrir la puerta de nuestro dormitorio, me preguntaba si mi esposa estaría ya lista para enfrentarse conmigo. Muchas veces en el pasado, me había dicho: "No exijas nada; espera hasta que sea capaz de responderte".

Me arrodillé a su lado, tocándole suavemente la mano, y pregunté: —¿Cómo te sientes?

—Estoy mejor. Ya sé que no era tu intención hacerlo; sólo que no pude soportarlo —expresó.

—No te preocupes, te comprendo —le aseguré—. ¿Sabes una cosa? Me pesa realmente todo eso que dije cuando estaba bromeando acerca de Puff; nunca más haré algo así. ¿Te sentirías mejor si permitiéramos que Angel (nuestro otro gato) viviera dentro de la casa de ahora en adelante?

Durante algunas semanas, de vez en cuando le decía a Norma: —Siento de veras que no tengas por aquí a Puff para saltarte a los brazos.

Ella recostaba la cabeza sobre mi hombro y expresaba: "Ya lo sé; también yo lo siento".

Mediante aquella dolorosa experiencia, aprendí más acerca de consolar a mi esposa que lo que hubiera podido llegar a aprender durante años enteros de existencia libre de inquietudes.

Deja que tu esposa te enseñe cómo puedes satisfacer mejor las necesidades de ella durante una crisis.

Probablemente, la lección más importante que mi esposa me enseñó acerca de cómo consolarla, fue cuando me dijo de una manera tranquila que no podía soportar mi horario de trabajo tan cargado junto con las presiones de los niños y de la casa. *Al venir a mí sin amenazas para exponer sus limitaciones*, tocó algo en mi interior. Yo estaba ansioso por confortarla. No sé si avivó mis sentimientos protectores varoniles, o qué pasó; pero cuando me dijo que no podía aguantar la presión que yo estaba poniendo sobre ella, y que quizás se hallara próxima al colapso, me sentí motivado para aliviar dicha presión.

He descubierto que ese tipo de acercamiento sin amenazas da resultado incluso en una relación entre padre e hija.

Cierta estudiante universitaria licenciada vino a verme debido a la deficiente relación que tenía con su padre. Este había sido muy generoso con ella en lo económico; pero la joven necesitaba su amor y ternura mucho más que su dinero. Intenté trabajar con el padre de la chica, explicándole lo que había aprendido acerca de las mujeres. "Consuélela" —le sugerí—. "Sea tierno y amable. No la sermonee". Pero el hombre no lograba captar aquello —aunque es abogado muy hábil e inteligente que tiene bastante éxito en su profesión (he notado que a mis amigos abogados les cuesta trabajo ser tiernos y amorosos sin sermonear ya que se les ha inculcado la necesidad de la expresión lógica).

—La semana pasada intenté suicidarme —me dijo aquella joven—. Sencillamente no puedo soportar la presión emocional bajo la que me hallo con mi padre.

—Tienes otras opciones —expliqué.

—¿Cuáles?

—Puedes responder a tu padre de una forma que tanto tú como yo sabemos que traerá salud a tu vida.

—No soy capaz de hacerlo —dijo cansadamente.

—Muy bien, entonces puedes llamarle por teléfono y explicarle: "Papá, te quiero. Me gustaría pasar más tiempo contigo; pero siento que sencillamente no puedo soportar verte ahora mismo. No me es posible resistir emocionalmente la manera en que me tratas: tus sermones, tu insensibilidad y tu dureza. Aunque tanto quisiera ser capaz, aunque tanto quisiera ser más fuerte, simplemente no lo puedo soportar".

Esta chica tiene unas necesidades y unas cualidades peculiares. Nadie podría decirle que debe ser más fuerte. Es quien es. El pedirle que sea lo que no puede ser, es como decir al sol: "No salgas mañana". ¡Esa es la verdad!

Felizmente, su padre fue motivado a cambiar, pensando: *Debo de ser realmente insensible. Mi propia hija no puede tolerar mi presencia; ni siquiera es capaz de soportar una llamada telefónica mía.*

Muchos hombres no se dan cuenta de que todo lo que una mujer necesita a veces es amor tierno —simplemente un abrazo consolador, o una declaración cariñosa como: "Te comprendo. Lo estás pasando mal, ¿verdad? Te sientes bajo mucha presión, ¿no es cierto?"

¡Ofrécele tu hombro, no tu lengua!

Tu objetivo debería ser convertirte en un esposo amable, amoroso y tierno, que no sermonea. Los sermones durante tiempos de tensión lo único que hacen es crear más fatiga. Este fue un nuevo concepto para mí, ya que no tuve la suerte de que mi padre supiera ser tierno con su esposa; y no estuve consciente de la necesidad de ternura que tenía mi esposa hasta hace unos pocos años. Nadie me había dicho que eso es lo que necesitan las mujeres; y aunque lo hubieran hecho, no creo que lo habría comprendido (sin embargo debería de haber podido deducirlo, ya que cuando yo mismo estoy desmoralizado me gusta que la gente sea amable conmigo y me consuele).

Nunca olvidaré lo que me dijo cierta mujer: "¡Ojalá que mi esposo pusiera sus brazos alrededor de mí y me tuviera en ellos sin sermonearme, cuando me siento desanimada!" Pero el sermón n⁰ 734 comenzaría cuando él le dijera que se encontraría mejor si tomaba una aspirina. . . si fuera más organizada. . . si no se cansara tanto. . . si disciplinara mejor a los niños. . .

—¿Le ha dicho alguna vez lo que necesita? —pregunté.

— ¿Está bromeando? Me sentiría avergonzada si lo hiciera —dijo riendo—. Vamos, no me tome el pelo.

—No. Probablemente él no sabe qué hacer. No conoce su necesidad de que la tenga en los brazos en vez de sermonearla. ¿Por qué no se lo dice algún día durante una conversación tranquila?

—Me parece que eso tiene sentido. Muchas veces cuando estoy desmoralizada, llorando y toda trastornada, me pregunta: "¿Qué quieres que haga?" Entonces sólo estallo y le digo: "Si tuviera que decirte lo que has de hacer, eso le quitaría toda la gracia al asunto".

Como esposo, te recomiendo que preguntes a tu esposa cuáles son sus necesidades —no puedes inventártelas. Sencillamente no nos es posible percibir los sentimientos profundos de otras personas. Necesitamos extraer de nuestras esposas cuáles son esos sentimientos, y luego practicar, practicar y practicar el arte de satisfacer sus necesidades.

La primera vez que intenté esquiar, fui agarrado a una soga que era tirada por una polea hasta lo alto de un pequeño cerro. Este parecía mucho mayor desde la cumbre que desde su pie. Entonces, pensé: *"¡Ni soñar con descender este cerro!"* Así que me senté en la parte trasera de mis esquíes y recorrí de esta manera todo el camino hasta abajo.

Aunque al principio tengas que recorrer sentado, en lugar de esquiar, el camino que atraviesa las habilidades descritas en este capítulo, recuerda que con el tiempo conseguirás ponerte de pie. Desde luego, el presente libro no es un manual exhaustivo del matrimonio, pero sí un comienzo. Créeme: si practicas lo que está escrito aquí tú y tu esposa pueden tener una relación conyugal más amorosa.

Cuando estaba empezando a aprender el arte de consolar a mi esposa, tuvimos una experiencia que requirió hasta el último gramo de dominio propio que pude reunir; pero salí de aquélla más fuerte, y animado por la fortaleza que acababa de conseguir. Quiero que te imagines a ti mismo en mi situación. ¿Cómo habrías reaccionado?

Había comprado por 400 dólares un bote de aspecto destartalado, porque queríamos hacer más cosas juntos como familia. Aquella misma noche, mi hijo y yo decidimos llevarlo en un corto viaje hasta el lago que estaba sólo a cinco minutos de nuestra casa, únicamente para ver cómo funcionaba. Debido a mi falta de experiencia como navegante, el viento empujó hacia atrás la embarcación hasta la orilla la primera vez que la metí en el agua. Me mojé y me sentí frustrado tratando de hacerla salir de nuevo. Después de diez irritantes minutos en los que intenté poner en marcha el arisco objeto, aquel bote no iba a más de quince kilómetros por hora. Evidentemente, algo andaba mal; y ya estaba bastante lejos de la orilla cuando me di cuenta de que lo mejor sería volver no fuera que se parara el motor.

Entonces, Greg gritó: "¡Papá, el bote se está hundiendo!". Miré detrás de mí y vi los treinta centímetros de agua que habían entrado gorgoteando. El propietario anterior le había quitado el obturador la última vez que llovió, pero se le olvidó decírmelo. Con el casco lleno de agua, no podía encontrar el agujero para el tapón; pero afortunadamente no nos hundimos. Volví a poner el bote en el remolque, determinado a devolvérselo a su antiguo dueño como primera cosa que debía hacer por la mañana —de todas formas me sentía un poco avergonzado con ese objeto destartalado frente a mi casa.

Un vendedor de botes me dijo que habría que pagar 150 dólares para reparar una juntura del motor, que estaba roto; así que se lo devolví a su propietario, quien me había prometido reembolsarme el dinero si no me gustaba.

Cuando salí de casa aquella mañana temprano, quedé en estar de vuelta alrededor de las once para que Norma pudiera ir de compras. Sin embargo, recuperar mi dinero me llevó más tiempo del que había planeado, y llegué a casa una hora y media más tarde. Entretanto, Norma había decidido llevar nuestra pequeña vivienda móvil a la tienda de comestibles; y al intentar dar la vuelta en el camino particular, condujo accidentalmente demasiado cerca de la casa y partió un trozo del tejado que al caer hizo una gran abolladura en la parte delantera del vehículo.

Cuando entré en el camino particular a las 12:30, vi parte del tejado caído al lado de la abollada vivienda móvil; y no pude por menos de reírme en voz alta, más a causa de la desesperación que del buen humor.

Tenía ganas de decirle a mi esposa: "¡Oh, no; arreglar esto nos va a costar por lo menos 500 dólares! ¿En qué tienda compraste la licencia de conducir?". Quería sermonearla airadamente, y luego no hacerle caso durante un rato.

Esta vez recordé cuál era mi deber; y me dije a mí mismo: "Mantén la boca cerrada y rodea a Norma con tus brazos. Sólo tenla abrazada. No digas nada, ¿de acuerdo?".

Sin embargo, mi naturaleza humana básica me sugería: "Dale una reprimenda; deja salir tu ira, exprésala".

Por último mi mente triunfó sobre mi voluntad; y aunque la guerra todavía rugía dentro de mí, puse los brazos alrededor de mi esposa y le dije cariñosamente: "Te debes sentir terriblemente mal, ¿verdad?" Luego entramos en la casa, nos sentamos en el sofá y la dejé expresar sus sentimientos.

La tuve abrazada, y un par de minutos después me sentí bien, ya que podía notar cómo la ternura empezaba a fluir de mí. Poco más tarde yo me sentía sosegado, y ella se encontraba animada. Luego, algunos momentos después, se presentó un amigo carpintero. Tuvimos el tejado arreglado y pintado en dos horas.

Me sentí contento de no haberme airado esa vez: no ofendí a mi esposa, ni grité a los niños, ni tampoco disminuí en nada la belleza de nuestra relación. Pude haber recaído en mi vieja excusa: "Sencillamente me resulta imposible no explotar"; pero en vez de ello obtuve una de esas alentadoras victorias.

Mi sensibilidad recién encontrada se ha visto puesta a prueba en varias ocasiones. Una vez, casi lo estropeé todo durante una excursión para pescar. Por lo general, me olvido completamente de mi familia y del mundo cuando estoy cerca de un río, sumergiéndome de un modo total en el estimulante ambiente de la pesca: el aroma del aire, la tensión cuando un pez pica, el sonido de la corriente. . . ¡Ea! Volvamos a nuestra historia.

Cuando detuvimos nuestra pequeña vivienda móvil al lado de un hermoso riachuelo, mi corazón latía con violencia. Apenas podía esperar a tener el carrete montado. Primero preparé los aparejos de los niños y les dije: "Miren, si se enredan habrán de arreglárselas solos". (Solía sentirme muy frustrado cuando me hallaba intentando pescar y ellos estaban gritando: "¡Papá, no puedo enrollar el sedal!" Quería dedicar toda mi energía a pescar por mi cuenta.)

Encontré el lugar perfecto: un atractivo remanso profundo en una poza situada frente a una gran piedra. Luego, lancé el cebo y lo dejé vagar de una manera natural hasta el fondo de la poza. Entonces, éste hizo unos remolinos y hubo un tirón: ¡había cogido mi primera trucha! Había casi pescado el número legal de truchas cuando llegó Greg corriendo. Tuve la seguridad de que se hallaba a punto de saltar al río y espantar los peces. Me encontraba ya molesto y airado a causa de su interrupción, cuando el niño dijo: "¡Papá, Kari se ha roto la pierna!"

¿Kari romperse la pierna? ¡Vaya momento que había escogido! No podía creer que me haría una cosa así. Me costaba trabajo irme, pero le pasé el sedal a Greg diciéndole: "No lo rompas, no lo enredes; solamente mantenlo ahí metido". Luego salí corriendo en dirección a Kari, evitando la poza grande —después de todo no quería asustar los peces.

Río abajo, Kari estaba llorando. "Papá" —dijo—, "me parece que me he roto la pierna".

Cuando le eché un vistazo, me di cuenta de que sólo estaba magullada.

—No la toques—expresé—. No está rota, sólo magullada. Métela en el agua fría para remojarla por unos minutos.

Me siento realmente avergonzado de contar el resto de la historia: pero quizás puedas aprender algo de mi insensibilidad. Volví de nuevo al remanso donde estaba pescando, y atrapé unas pocas truchas más antes de regresar adonde se hallaba Kari llorando. "Papá"—dijo la niña—, "el agua está fría".

La puse en pie —de una manera más bien brusca— para que anduviera; pero no podía. Cuando traté de alzarla en la orilla, y no lo logré, ella comenzó a llorar de nuevo y expresó: "Papá, ¿por qué eres tan brutal conmigo? ¿No puedes ser *tierno*?" Algo fulguró en mi mente cuando dijo aquella palabra. Me recordó todas las veces que mi esposa y otras mujeres me habían explicado: "Lo que necesitamos es ternura y amabilidad, no aspereza. No tenemos necesidad de sermones". Y yo, ni siquiera podía ser tierno con mi hija de once años. Ya había reconvenido a Kari porque sentía que estaba interrumpiendo mi día: "¿Por qué no miraste primero?" —le había dicho.

De todos modos, ¿quién era más importante: aquellas truchas o mi preciosa hija? Me resultaba difícil enfrentarme a ello, pero las truchas habían sido más importantes para mí. Había dejado que la pesca y mis propios deseos pusieran en peligro a mi única hija. ¡Debería haber sido más cuidadoso!

Cuando volví a mis cabales, agaché la cabeza y dije: —Kari, he actuado muy mal al ser áspero contigo. Me duele de veras. ¿Puedes perdonarme?

—Sí, papá, te perdono.

—Kari, tú eres más importante para mí que cualquier pez, y quiero que lo sepas. Estaba tan arrebatado hoy con esta actividad que te he herido de verdad, ¿no es cierto?

Nos abrazamos el uno al otro durante unos momentos, y luego, levantando la vista, me miró a los ojos y preguntó cariñosamente: —Papá, ¿te has puesto hoy desodorante?

Ayudando a tu esposa a vencer la depresión

Tanto los hombres como las mujeres experimentan tensiones a diario; y algunos días son peores que otros —como aquél en que arrollé a Puff. Los sicólogos nos dicen que las experiencias que producen tensión afectan nuestra mente, nuestras emociones y nuestro cuerpo. La cantidad de presión que experimentamos en cada una de esas áreas puede determinar la diferencia entre felicidad y depresión; y se ha comprobado que la inversión positiva en *cualquiera* de ellas tiene efectos beneficiosos sobre todas las demás. Por ejemplo: si un esposo es tierno con su esposa, levanta sus emociones; y esto, a su vez, la ayuda en otras dimensiones de su vida.

Según el doctor Jerry Day —un sicólogo clínico de Tucson, Arizona—, si una mujer tiene por lo menos cuatro de los siguientes síntomas, se puede diagnosticar que está deprimida (como esposo, necesitas conocer estos signos, para poder confortar a tu esposa con mayor eficacia):

Síntomas generales de depresión

1. Melancolía
2. Desesperanza
3. Pérdida del humor
4. Despertar prematuro
5. Despertar de madrugada
6. Insomnio
7. Sentirse mejor a medida que va transcurriendo el día
8. Pérdida de interés en la relación sexual
9. Pérdida del apetito y de peso
10. Quejas físicas vagas
11. Sentido de pérdida personal (muerte de un pariente cercano, pérdida del trabajo, etc.)
12. Mala concentración y memoria
13. Suspiros o gemidos profundos

Si detectas estos síntomas en tu esposa, deberías empezar confortándola con afirmaciones como: "Desde luego que comprendo como te sientes...". A continuación, utiliza la información de más abajo como una guía para *ayudarla* a salir de la depresión.

1. Si tu esposa tiene por lo menos cuatro de los síntomas presentados más arriba, anímala a hacerse un reconocimiento físico completo. Dichos síntomas pueden ser causados por una deficiencia hormonal o vitamínica, o por una enfermedad física.

2. Evita echarle sermones; el que discutas con ella sólo hace sentirse que no la comprendes —pero el mandarle una tarjeta o flores puede levantarla emocionalmente. Ayuda a tus hijos a hacer algo especial para ella: Por ejemplo, pueden ir a la tienda y comprar un rollo pequeño de papel para forrar armarios. Desenróllenlo y peguen en él fotos de revistas que representen cosas que ella hace las cuales aprecian; y con bolígrafos de colores brillantes escriban palabras cariñosas por toda la pancarta. Enrollen luego esta última poniéndole un bonito lazo, y preséntensela a ella como familia. Ese gesto de atención afectará sus emociones y la *ayudará* a levantarle el ánimo y a salir de la oscuridad.

3. Escucha a tu esposa con el "tercer oído". Es decir: está atento a su mensaje emocional. ¿Qué está tratando de decir? ¿Puedes comprender el significado que hay detrás de sus palabras? Intenta expresar algo como por ejemplo: "No sé por qué te ha sucedido esta cosa terrible; pero desde luego puedo ver que te ha desconcertado profundamente". Diciendo esas palabras, le dará tiempo para ganar fuerza física mediante tu comprensión.

4. Ayúdala a sentirse mejor "bloqueando" sus síntomas. El doctor Day me explicó este concepto como sigue: Cuando los actores están en escena, tienen que extremar y exagerar con objeto de comunicar un pensamiento al público; y aunque ellos sienten que están exagerando, los espectadores perciben su comportamiento como normal. El doctor Day cree que es importante que exageres el problema de tu esposa, para que ella sienta realmente que comprendes lo mal que se encuentra. Tu esposa recibirá las afirmaciones que hagas como normales, aunque tu mismo quizás sientas que te has excedido.

Sugiere, por ejemplo, un proyecto muy difícil para ella. Podría tratarse de algo físicamente agotador—como el correr a trote corto—, o que requiera un esfuerzo mental intenso. Dile: "Tal vez deberías hacer algo serio para superar esto" —muchas veces, una cosa así sacude a las personas deprimidas devolviéndolas a la realidad, y éstas se van sintiendo: "Las cosas no están tan mal".

Sin embargo, cuando la situación parece no tener esperanza, a menudo la persona que se encuentra deprimida siente ganas de pasar el día
durmiendo. Nada podría ser peor para ella. Ayuda a tu esposa a levan-
tarse y a salir, aunque tengas que ir de compras con ella. Algunas veces,
mi esposa tiene ganas de esconderse debajo de la manta cuando se siente
deprimida —aunque sabe que se encontrará mejor si se levanta y va a
una clase de ejercicio o se compromete vigorosamente en una actividad.

5. Otra terapia útil para la depresión, es el escribir nuestros pensamientos. El doctor Day dice que cuando registramos nuestros pensamientos mientras estamos deprimidos, sucede un cierto "lavado del
alma". Compra a tu esposa un cuaderno y anímala a anotar las formas
en las que tú u otros la han herido.

Mejor todavía: estimúlala a escribir los beneficios que obtendrá en
su vida a consecuencia de las cosas deprimentes que le han sucedido.
Quizás al principio se resista, diciendo que no puede pensar ni siquiera
en un beneficio. Tal vez tengas que darle por lo menos uno para que sea
capaz de empezar. Sin embargo, cuantos más beneficios descubra, tanto
mejor se sentirá. La mayoría de las mujeres que hacen este ejercicio
terminan diciéndome: "Realmente las cosas no están tan mal".

Pero aun cuando a tu esposa no le sea posible tomar tiempo para
escribir sus sentimientos, puedes ayudarla a evitar los pensamientos ne-
gativos. Aléjala poco a poco de las palabras "Si tan sólo. . .". Estas, según
decía un siquiatra, han mantenido a más gente en la depresión que cualesquiera otras: "Si tan sólo no hubiera yo. . . si tan sólo pudiera. . . si
tan sólo hubiera él. . .". Esas tres palabras pueden hacer pedazos a una
persona emocional, mental y físicamente.

6. Durante períodos cargados de tensión, anima a tu esposa para que
relaje sus músculos. Yo practico regularmente un ejercicio recomendado
por el doctor Day; y puedo testificar personalmente que esta técnica de
relajamiento que dura diez minutos, a veces me ha hecho sentir como si
hubiera dormido profundamente cuatro horas; y renueva la inventiva y
las fuerzas.

Permite que el mecanismo relajador normal de tu cuerpo funcione:
relájate en una silla o sobre la cama; respira varias veces profundamente;
tensa todos los músculos de tu cuerpo durante tanto tiempo como puedas
retener la respiración cada vez; y luego exhala. Imagínate que tus músculos se relajan, y luego no muevas ni uno solo por el resto de los diez
minutos.

7. Consigue un compromiso firme de tu esposa en cuanto a comenzar

y continuar un programa enérgico de ejercicios físicos. Norma se ha hecho miembro de un club de salud femenino, sólo para tener un lugar donde realizar ejercicios cuando se siente desanimada. El ejercicio físico ayuda mental y emocionalmente a la persona; y aquellos que trabajan con gente deprimida dicen que es una de las áreas de terapia más importantes.

¿Cómo necesita ser confortada tu esposa?

¿Por qué no pedirle que te ayude a comprender cómo y cuándo necesita recibir aliento? Anímala a ser paciente contigo hasta que puedas dominar la habilidad de confortarla tiernamente.

Para meditación personal

1. ¿Es natural ser consolador y tierno durante un tiempo de tensiones o una crisis? Colosenses 3:8–14; 4:6
2. ¿Comprendes las necesidades de tu esposa durante una crisis? 1 Pedro 3:7. Escribe también la respuesta de ella a esta pregunta.

5. Saliendo del más profundo pozo del matrimonio

"Imposible es que no vengan tropiezos; mas ¡ay de aquel por quien vienen!"
(Lucas 17:1).

Eran las cuatro en punto de la tarde del día Del Amor, cuando recordé mi partido de baloncesto; entonces estiré la mano para coger el teléfono con objeto de llamar a Norma, quien hacía menos de un año que era mi esposa.

—Querida, se me olvidó decirte que tenía un partido de baloncesto esta noche. Tenemos que estar allí alrededor de las siete; te recogeré más o menos a las 6:30.

Hubo un intenso silencio en la línea antes de que ella contestara:
—Pero hoy es el día Del Amor.

—Sí, ya lo sé, sin embargo necesito estar allí esta noche, porque se lo he prometido al equipo y no quiero fallarles.

—Pero tengo una cena especial preparada con velas y. . .

—¿Puedes aplazarla hasta mañana? —Ella no contestó, así que continué. —Querida, tú sabes lo importante que es para una mujer el someterse a su esposo (poco sabía yo que una de las peores cosas que puede hacer un esposo es demandar la sumisión de su esposa). Necesito verdaderamente estar allí esta noche; y si vamos a empezar a cultivar buenos hábitos al principio de nuestro matrimonio, ahora es el momento de comenzar. Si he de ser el líder de esta familia, tengo que hacer la decisión.

La palabra "hielo" describe perfectamente la recepción que tuve de su parte en el momento de recogerla. Resultaba fácil comprender que la había ofendido seriamente; pero imaginé que alguna vez tenía que aprender a ser sumisa, y que no había razón por la que no pudiéramos empezar entonces.

La expresión sin vida de su cara se fue haciendo peor a medida que transcurría la noche. Cuando volvimos a casa después del partido, reparé en que la mesa estaba puesta para una cena especial: velas, nuestros mejores platos y bonitas servilletas. Al día siguiente todavía no me hablaba, así que fui corriendo a la floristería para adquirir una variedad de flores las cuales puse en diferentes puntos por toda la casa. Eso la animó un poco. Luego, le di una tarjeta gigantesca que tenía una mano en la parte anterior cuyo dedo pulgar se podía volver hacia arriba o hacia abajo. "¿De qué manera es?" —le pregunté. Ella puso el pulgar hacia arriba. Nunca dije si yo había hecho bien o mal; sino sólo que me pesaba lo de la noche anterior. Y así comenzó una historia de ofensas que nunca resolvía con mi esposa.

De no haber compartido alguien conmigo un año más tarde el secreto para desarrollar una relación duradera e íntima, quizás nos hubiéramos unido a los millones que buscan el divorcio todos los años. *Termina cada día con una pizarra limpia: sin ofensas entre ustedes dos.*

A menudo, las parejas me preguntan: "¿Qué es lo que hemos hecho mal?" "¿Por qué no nos sentimos románticos el uno con el otro?" "¿Cómo podemos discutir tanto?" "¿Cuál es la causa de que evitemos tocarnos el uno al otro?" Esos problemas no son atribuibles principalmente a la incompatibilidad, los problemas sexuales, la presión económica o ninguna otra cuestión superficial: son el resultado de las *ofensas acumuladas*. Si un esposo y su esposa son capaces de comprender cómo mantener la armonía por resolver inmediatamente cada ofensa perniciosa que surge entre ellos, pueden salir de esos problemas tan corrientes; e incluso del más profundo pozo del matrimonio: el divorcio.

De cualquier modo, ¿cómo he llegado aquí abajo?

Cuando un hombre trata a su esposa negligentemente, ésta por lo general se ofende mucho más de lo que él se da cuenta. Luego ella empieza a cerrarse a su esposo, y si el hombre continúa hiriendo sus sentimientos, se separará de él mental, emocional y físicamente. En otras palabras: la esposa no quiere tener ningún tipo de contacto con su esposo. ¿No te has dado cuenta de cómo tu esposa se niega a hablar después de haberla insultado? No sólo evita la conversación, sino también que la toques.

Sencillamente, una esposa no responderá a su esposo cuando éste hiere constantemente sus sentimientos sin "limpiar la pizarra".

Alguna gente justifica sus reacciones diciendo: "Pero él/ella hiere mis sentimientos". Según el sicólogo doctor Henry Brandt, no existe tal cosa como el herir los sentimientos. El dice: "Llamemos a los sentimientos heridos lo que son en realidad: ira". Puede que tu esposa no haga bien en reaccionar con ira; pero este no es el asunto del presente libro. Nuestra meta como esposos, debería ser ajustar nuestro propio comportamiento de tal manera que nuestras esposas no tuvieran que reaccionar con ira.

Para comprender por qué de una manera natural tu esposa se niega a hablar cuando la ofendes, imagínate que eres el orgulloso propietario de un autómovil nuevo. La primera vez que entras con ese elegante modelo en el camino particular de tu casa, cada parte de tu ser dice: "Me gusta". Te gusta su olor, su tacto y su aspecto; y porque te gusta ese auto, le sacas brillo hasta que centellea. También le dedicas un tiempo y un cuidado especiales. Sin embargo, cuando el motor empieza a pistonear, o se sale el aceite; cuando la reluciente pintura sufre unos pocos arañazos, o los limpiaparabrisas fallan en medio de una tormenta de lluvia; te irritas con ese "cacharro" que has comprado, y pronto puedes encontrar setenta y dos razones para librarte de él. Mientras te trata bien, te gusta; pero en cuanto empieza a caerse a pedazos desearías no haberlo comprado nunca, y no mucho después ni siquiera deseas estar cerca de él.

Lo mismo puede pasar con un trabajo. ¿No te han despedido nunca porque no estabas contento con tu jefe o con las condiciones laborales? Personalmente, recuerdo cuánto amaba cierto trabajo hasta que el jefe me ofendió profundamente; entonces mi mente quedó enmarañada en una red de razones para dejarlo. Aunque sabía lo que estaba pasando dentro de mí, no parecía poder controlar mis emociones —éstas habían cambiado, y yo ya no estaba tan encariñado con la ocupación como antes. A la larga, no quería hacer acto de presencia ni tener nada que ver con aquel trabajo.

Cuando se nos ofende, tenemos la tendencia a seguir una pauta natural. Mentalmente, estamos más alerta en cuanto a las imperfecciones del ofensor; en lo emocional, nos sentimos enemistados; físicamente, evitamos a la otra persona; y espiritualmente la excluimos (Proverbios 15:13).

He visto a mi esposa pasar por ese proceso muchas veces. Cuando jugué al baloncesto aquella noche del Día del Amor en lugar de ir a casa para su romántica cena a media luz, ella se airó tanto que no quería hablar conmigo. Tampoco quería tocarme, ni que yo la tocara. ¿No has puesto nunca el brazo alrededor de tu esposa después de haberla irritado, y notado que se ponía tensa? Quizás la hayas incluso criticado cuando aquello pasó; pero necesitas aceptar tu responsabilidad por la frialdad de ella, y decir: "Comprendo cómo te sientes, y no te culpo por no quererme cerca de ti ahora mismo". Si tu esposa no quiere que la toques, si ha perdido algo de la "chispa" romántica que en otro tiempo tenía hacia ti, o si está maquinando formas de alejarse de ti aun durante cortos períodos de tiempo, *puedes estar seguro de que la has ofendido y posiblemente abrumado su espíritu.*

Cierta tarde, de camino a una fiesta, sucedió algo no demasiado divertido. Mi esposa me dijo de broma que planeaba gastar una broma al presidente de la compañía —una broma que me hubiera hecho sentir avergonzado. No podía creer que considerara algo así, y le dije: "Norma, no puedes hacer eso; si lo estás proyectando de veras no voy esta noche".

Luego, detuve el auto, y con aspereza e impaciencia grité: "Me sentiría demasiado avergonzado de ir allí". Norma me tomó el pelo un poco más, y después admitió que realmente no hablaba en serio; pero mi persistente aspereza fue demasiado para ella (Proverbios 15:4). Ya que me porté de una manera tan abusiva, mi esposa comenzó a llorar; y comprendiendo que no había actuado bien, traté de arreglar el asunto. Pero cuanto más hablaba, peor se ponían las cosas. Más tarde, en la fiesta, cada vez que le lanzaba una mirada, ella volvía la vista para otro lado. Norma estaba pensando en todas las razones por las cuales su esposo no era ya un "buen tipo". Me llevó varios días restablecer la armonía.

¿Qué tiene que hacer un hombre para resolver las ofensas contra su esposa? ¿Cómo puede mantener la armonía con ella?

La armonía, se puede definir como una ausencia de ofensas sin arreglar entre ustedes dos. Cuando entre ti y tu esposa existen una armonía y una unidad reales, ambos querrán relajarse y pasar tiempo hablando. Tu esposa será más agradable, y se sentirá atraída emocional y físicamente por ti. Pero si la has ofendido, probablemente te *resistirá y discutirá.*

A las esposas se las acusa a menudo de ser testarudas y rebeldes, cuando en realidad están sencillamente respondiendo a los abusos irreflexivos de sus esposos. Algunas veces se las culpa de arruinar los matrimonios, por haber perdido el amor cariñoso o romántico hacia sus esposos; y desde luego, éstos en pocos casos comprenden que fue su propio comportamiento insensible lo que echó fuera al cariño.

Muchos hombres han calificado a sus esposas de frígidas porque no quieren que las toquen o tener trato sexual con ellos. No obstante, a menudo, ha habido esposas las cuales me han dicho que las mujeres se sienten como prostitutas al tener relaciones sexuales con sus esposos cuando éstos las maltratan. El sexo es algo más que una cosa física, e involucra a cada una de las partes de nuestro ser. La mujer ha de sentirse primero apreciada como persona y estar en armonía con su esposo antes de poderse entregar con libertad en la relación sexual; y ha de experimentar el amor romántico antes de entrar *de todo corazón* en la unión física del matrimonio. Sin armonía, lo más seguro es que la relación sexual entre esposo y esposa se deteriorará.

¿Has conocido alguna vez lo infructuoso que es tratar de llegar mental, emocional y físicamente a una mujer después de haberla ofendido?

Gerardo intentaba comunicarse con Laura, su disgustada esposa, pero ésta no quería nada con él. El hombre seguía diciéndole: "Te echo tanto de menos... Deseo estar cerca de ti. Te amo". Pero ella estaba *cerrada* a él emocionalmente. "¿No ves el daño que le estás haciendo a nuestra hija?" —expresaba Gerardo. "¿No comprendes la mala reputación que vamos a tener estando separados? Intentaba apelar a ella mentalmente, pero su esposa no escuchaba. Gerardo había ido ya demasiado lejos —la había ofendido demasiado a menudo y demasiado severamente—, de modo que el espíritu de ella le excluyó completamente de su vida.

Yo le pregunté: "¿Estás dispuesto a abstenerte de tocar a Laura por el momento, de preguntarte si algún día volverá a tener sentimientos emocionales por ti, y de intentar razonar con ella mentalmente? ¿Vas a concentrarte en resolver tus ofensas pasadas?

"Si aceptas mi consejo y restableces armonía con tu esposa, ella se abrirá de nuevo a ti mentalmente, obtendrá un nuevo amor romántico por tu persona, y finalmente deseará estar otra vez cerca de ti".

"Esta es la realidad de la vida" —le advertí a Gerardo. "En casos en los que una mujer se ha enamorado de otro o ha sido *severamente* maltratada, puede que el recuperarla lleve algo más de tiempo".

Con frecuencia, los hombres se sienten hastiados cuando sus esposas no chispean ya con romanticismo; y no se dan cuenta de que fueron ellos mismos quienes mataron esa chispa con sus maneras hirientes.

¿Qué pasos puede dar un hombre para reconstruir una relación armoniosa con su esposa?

Cinco maneras de construir una relación duradera y amorosa con tu esposa

1. *Esfuérzate por comprender las maneras en las que has herido u ofendido a tu esposa.* Para ayudarte a evitar el que hieras a tu cónyuge, hemos incluido una lista de formas en las cuales el esposo ofende generalmente a su esposa (dicha lista se encuentra en las páginas 80 a 85). Quizás en el pasado no te hayas dado cuenta en qué manera la estaban hiriendo tus acciones.

La historia de Marcos y Luz es un buen ejemplo de cómo la insensibilidad de un hombre dañó su matrimonio. Después de ocho años casados, y de haber tenido tres niños, la figura en otro tiempo pequeña y bien proporcionada de Luz estaba un poco regordeta. Ya que Marcos no podía comprender por qué ella no había recuperado su apariencia esbelta de antes, después del nacimiento de su tercer hijo, encontró cierto número de formas "creativas" para señalar los kilos que su esposa tenía de más. Intentó hacerla perder peso sermoneándola, exigiendo y mediante el soborno; e incluso la amenazó con cancelar las vacaciones a menos que adelgazara. Pero nada de eso dio resultados. Ella parecía incapaz de obedecer.

La continua actitud crítica y áspera de Marcos, hería a Luz; y como resultado, ella empezó poco a poco a excluirle de su vida. Le dejó fuera emocionalmente, y se resistía cuando él demandaba tener relaciones sexuales —poniendo como excusa que tenía dolores de cabeza o fatiga. Las indirectas ocasionales de su esposo —como aquella de: "¿Te das cuenta de que esta noche te has comido dos postres durante la cena?"—, y la dominante personalidad de éste, la presionaban continuamente, poniéndola más nerviosa y aumentando su deseo de comer. Marcos no se daba cuenta en absoluto de lo que le estaba haciendo a su esposa. No había forma de que realmente pudiera entenderla. "Si quieres perder peso" —decía—, "¡propóntelo y hazlo!"

Ya que Luz tenía poco o ningún interés en agradar a Marcos, puede que haya estado castigándole de un modo subconsciente al permanecer gorda. Sin embargo, de una manera bastante accidental, el hombre hizo algo que finalmente la motivó a adelgazar. Mientras se encontraba en un viaje de negocios, la llamó por teléfono y le dijo: "He sido un mal esposo al tratarte de la manera en que lo he hecho. De ahora en adelante te voy a amar —sólo a ti— pase lo que pase. He sido yo quien ha estado fuera de control".

Entonces, Luz respondió: "¿Sabes una cosa? Cada vez que me exigías que perdiera peso, tu actitud era tan lastimosa que, en todo caso, lo que quería hacer era correr al refrigerador y vaciarlo. Nunca tuve ningún deseo de agradarte. Pero ahora que dices que soy libre de hacer lo que quiera, y siento que eres sincero, realmente tengo un deseo mayor de adelgazar".

Marcos se hizo más sensible y amable, cuando Luz le explicó que en realidad no quería estar gorda. Se sentía fea en compañía de sus amigas, y las nuevas modas sólo la hacían parecer *más gruesa* todavía. La mujer había dicho muchas veces: "Ojalá me aceptaras como soy, en lugar de exigirme que sea esbelta y 'sexy'... tu rechazo es casi más de lo que puedo soportar". El sentirse rechazado es una de las cosas más dolorosas que un ser humano pueda experimentar; algo que le llega hasta los tuétanos.

Cuando Marcos empezó a reconocer que las críticas que hacía estaban hiriendo a su esposa, se halló en camino hacia una relación restaurada.

2. *Admite la parte importante que has jugado en el debilitamiento de tu matrimonio.* Llegando a este punto, voy a recetar la medicina más amarga que hayas tenido que tomar jamás. La primera vez que oí acerca de ella por mi amigo Ken Nair, la resistí enérgicamente. ¡Pensé que estaba loco! No podía creer lo que me estaba diciendo. Durante un mes estuve retorciéndome y protestando vigorosamente, luché y argumenté; y a pesar de mi oposición inicial, por último me "convertí", ya que no había podido presentar ni una sola excepción a esa regla. Pasé largas horas esforzándome por pensar tan siquiera en una.

Quiero que experimentes cualesquiera emociones que sean naturales para ti mientras lees la afirmación del recuadro de más abajo. Si reaccionas fuertemente, lo entenderé.

SI UNA PAREJA HA ESTADO CASADA MAS DE CINCO AÑOS, CUALQUIER FALTA DE ARMONIA PERSISTENTE EN SU RELACION MATRIMONIAL SE PUEDE ATRIBUIR POR LO GENERAL A LA FALTA DE AMOR GENUINO DEL ESPOSO.

No estoy sugiriendo que el esposo es el único responsable por toda falta de armonía en el matrimonio. Algunos conflictos cotidianos pueden ser el resultado del agotamiento físico de su esposa, de los problemas de salud, de los horarios demasiados largos... Cierto día en especial, la esposa puede contestar de una forma negativa a su esposo debido a un dolor de cabeza, a una inquietante llamada telefónica de su padre, o a cualquier otro tipo de contratiempo temporal. Desde luego, no se debe culpar al esposo por esos problemas ocasionales; sin embargo, me he dado cuenta de que, después de cinco años de matrimonio, un esposo puede eliminar la falta de armonía prolongada en su relación conyugal, conociendo las necesidades de su esposa y satisfaciéndolas de una manera constante.

Esto es muy difícil de creer, ¿verdad? Me tomó meses para únicamente imaginarme que fuera verdad, sin tener en cuenta lo que tardé en aceptarlo.

Durante cierta conferencia, un hombre reaccionó violentamente a este concepto, diciendo: "¡Cuando las mujeres se salen de la línea, pienso que se las debería golpear contra la pared!"

—¡Que lo echen! —gritó una mujer en la reunión.

Al principio, la reacción de aquel hombre me tomó por sorpresa; pero más tarde descubrí que él y su esposa se hallaban en uno de esos "pozos matrimoniales". Ya que el hombre estaba tratando de convencer a su esposa de que *ella* tenía la culpa de todos los problemas en su matrimonio, el aceptar mi afirmación habría destruido su línea de razonamiento.

Conozco por lo menos a tres tipos de hombres que se resisten a aceptar este concepto:

1. Aquellos a quienes sus esposas les han abandonado. Estos tendrían que admitir que el fracaso de sus matrimonios fue culpa de ellos, y tal admisión es casi más de lo que se les puede pedir.

2. Aquellos que tienen algún pariente o amigo íntimo del cual su esposa se ha divorciado. "No podía ser mi hermano el culpable; usted no conoció a su terrible esposa" (sin embargo, no olvides que la mayor parte de lo que sabes acerca de esa "terrible esposa" te ha llegado a través de dicho hermano).

3. Aquellos que están complicados en una aventura amorosa. A éstos les resulta demasiado difícil culparse a sí mismos por tener una esposa frígida o regañona; y sienten que ella era suficiente para echarlos en los brazos de otra mujer.

Yo traté en vano de encontrar una excusa para librarme de este *principio* con la frase: "¿Y qué si. . . ?" No sigas mi ejemplo. Si basas tu objeción en rumores o en situaciones hipotéticas, *dicha* objeción no tiene fundamento. Antes de excusar a ningún esposo necesitas oír de primera mano ambas versiones de la historia; entonces tal historia no puede ser ficción.

¿Injusto?

Cierta mañana, supe por la expresión facial de Norma que la había ofendido; e inmediatamente proferí: —Me doy cuenta de que lo que acabo de decirte ha sido demasiado duro, y que no debería haberme expresado así. Quisiera pedirte que me perdonaras".

—Está bien, te perdono —respondió ella.

Entonces pensé para mí: *¿Sabes algo? Todo este asunto está desequilibrado. Parece que la presión recae únicamente sobre mí para que actúe como es debido. ¿Y qué en cuanto a ella?*

Por lo tanto dije: —¡Eh, oye! ¿Por qué soy yo siempre quien tiene que pedir perdón cuando hago algo mal? ¿Por qué no me pides tú nunca que te perdone? Esto es injusto, ¿no te parece?

Entonces ella me miró y respondió: —Tendría mucho gusto en admitir que he hecho mal y en buscar que me perdonaras si te hubiera ofendido.

—Bueno, ¡eso sí que es demasiado! Vaya afirmación más arrogante. Qué cosa tan terriblemente egoísta —dije—. Hay muchos casos en los cuales me has ofendido; y no puedo recordar la última vez que admitiste tu error y buscaste mi perdón.

—Bueno, ¿cuáles son algunas de mis ofensas? —preguntó.

—Dame un minuto y pensaré en un montón —expresé.

—Bueno, ¿cuáles son? —repitió.

—Espera un momento y pensaré en algunas de ellas —proferí tratando de ganar tiempo.

Pensé y pensé, y no pude dar ni siquiera una. Entonces me dije a mí mismo: *No puede ser verdad* —pero no lograba recordar nada con lo que ella me hubiera ofendido.

Finalmente, dije: —Bueno, puedo pensar en algunas cosas de tu carácter que me gustaría que cambiaras.

—Pues bien, dime cuáles son.

—Aunque llevamos casados cinco años, voy a presentar la primera excepción a este asunto de que todo es culpa mía (estaba contento de mí mismo): Hay algunas veces en las que no me respetas ni me honras como a una persona especial en tu vida; en ciertas ocasiones, tus palabras son mordaces e irrespetuosas... *ahora dime: ¿cómo puedo ser yo el responsable de eso?*

Nos sentamos junto a la mesa de la cocina y comenzamos a examinar cada asunto. Sólo nos llevó quince minutos el deducir que todas las veces que ella había sido irrespetuosa conmigo, o bien yo me había levantado gruñón o la había estado criticando la mayor parte del día. No me había ganado su respeto. Aquello era asombroso. Las tres cosas que había sentido que *ella* debía cambiar, eran un resultado directo de *mi* fracaso en amarla de una manera auténtica.

Ahora, he de admitir que todo ese episodio me dejó un mal sabor de boca; e incluso hoy, cuando estoy cansado o un poco desmoralizado, pienso para mí: *Esto es una locura. No debería ni siquiera decírselo a la gente, porque hará que las esposas pisoteen a sus esposos.* Pero la verdad es exactamente lo contrario. Cuando un hombre trata a su esposa con amabilidad, es amoroso y comprensivo, y hace la mayoría de las cosas que describimos en este libro, ella le responde a todos los niveles. Tu esposa deseará tener conversaciones íntimas contigo, experimentará sentimientos amorosos hacia ti, y te responderá sexualmente. La única excepción a esto, como antes mencioné, ocurre cuando una esposa tiene algún compromiso romántico con otro hombre.

Ya sé lo *difícil* que es admitir nuestros errores. Una noche, Norma y yo estábamos acostados, cuando le dije algo detestable. Ella se cerró a mí, y aunque yo quería restaurar nuestra relación era demasiado orgulloso para decir nada. Las palabras se me quedaban pegadas a la garganta. Deseaba exclamar: "Norma, he hecho mal al decir lo que he dicho". Intenté, pero sencillamente no salía; así que decidí irme a dormir, pensando que por la mañana me resultaría más fácil admitir mi error. Durante toda la noche me estuve despertando, sintiéndome cada vez más ansioso por reconocer que había hecho mal y peor acerca del asunto. A la mañana siguiente pude admitir mi falta, y nuestra relación quedó restaurada. Pero, ¿te das cuenta de lo que había hecho? Dejé que mi esposa sufriera por los sentimientos de una relación rota lo largo de toda la noche.

3. *Expresa a tu esposa que estás arrepentido en el momento en que la ofendas.* Mi esposa me ha dicho una y otra vez cuánto aprecia ver mi arrepentimiento sincero cuando la he herido. Palabras francas como por ejemplo: "No sé cómo me aguantas"; "¿cómo puedes vivir conmigo?"; "te mereces la medalla de honor por permanecer a mi lado"; "deberían darte la condecoración más alta"; "eres una mujer extraordinaria para poder vivir con un hombre tan insensible como yo", expresan mi espíritu arrepentido y suavizan nuestra relación.

En cierta ocasión le pregunté a una esposa: —¿Apreciaría usted el que después de haberla insultado verbalmente, su esposo admitiera que había hecho mal y expresara su arrepentimiento al verla herida? ¿Qué haría si él le dijera: "No sé cómo aguantas a un mendrugo tan insensible como yo"?

—Llamaría a la policía —dijo ella.

—¿Que llamaría usted a la policía? —repetí asombrado.

—Sí —contestó—; porque entonces sabría que hay un impostor en la casa.

He conocido a esposas que me han dicho: "Mi esposo nunca admitirá que ha hecho mal. Es demasiado orgulloso". Sin embargo, por todas partes encuentro esposos que están dispuestos a reconocer sus ofensas, si sus propias esposas son lo suficientemente pacientes como para ayudarles a entender *de qué manera* las han ofendido.

4. *Busca su perdón por tu comportamiento ofensivo.* Las mujeres necesitan hombres que *comprendan* la *profundidad* de su pesar después de haber sido objetos de un comportamiento injurioso por parte de ellos. Algunas esposas me han dicho: "Si tan sólo mi esposo supiera cuánto me duelen esas palabras que él dice tan irreflexiva y ásperamente... Si comprendiera el tiempo que permanecen conmigo...". A una mujer se le pueden quedar grabadas las palabras ásperas durante años.

A las esposas les gusta oír decir a sus esposos: "¿Me perdonas?". Y cuando ellas pronuncian las palabras: "Sí, estás perdonado", tienen más libertad para restaurar su lado de la relación. No obstante, si el esposo dice simplemente: "Lo siento, querida", eso no siempre es suficiente. Quizás si lo hace en una forma tierna y amable, puede salir airoso; pero una mujer necesita oír en realidad: "¿Me perdonas?" Eso le muestra que su esposo valora su mitad de la relación. Un ligero "lo siento", puede significar "siento que me he dejado atrapar", o "siento tener que aguantar tu susceptibilidad". Por lo general esa escueta frase no restaura la relación a su unidad y armonía.

5. *Házle ver a ella tus esfuerzos constantes y sinceros por corregir las acciones o palabras ofensivas.* Esta es otra manera de decir "arrepiéntete"; y significa únicamente cambiar nuestra manera de pensar o de actuar por aquella en la que Cristo pensaba y actuaba (Lucas 17:3–5).

A las mujeres no les impresionan los hombres que buscan el perdón o admiten que han hecho mal, y luego continúan hiriéndolas año tras año en las mismas áreas. Las palabras están bien, pero no son suficientes.

A menudo son las actitudes, y no las palabras o las acciones, lo que hiere más a una mujer. Cuando ella *ve* que las actitudes de su esposo cambian, está más dispuesta a abrirse a él y a aceptarle en una relación íntima. De otra manera, le mantendrá excluido de la misma por temor a ser ofendida de nuevo.

¿Se puede realmente atribuir una relación matrimonial debilitada a la falta de amor verdadero por parte del esposo?

Quiero hacer hincapié en el hecho de que *sólo después de cinco años de matrimonio*, es el esposo responsable por la falta de armonía prolongada en su relación conyugal. Al casarse con una mujer, uno hereda la manera en la que ésta fue tratada por su padre, su madre, sus hermanos y hermanas, e incluso por sus amigos. Ella es la suma total de su ambiente, sus asociaciones, y su vida como persona soltera.

El problema principal que los hombres tenemos que superar, es nuestra *falta* de conocimiento y de habilidad para alimentar emocionalmente (Efesios 5:28, 29) a nuestras esposas, hasta un nivel desde el cual podamos gozar de una relación creciente, amorosa e íntima con ellas. También nosotros somos la suma total de nuestro ambiente, y todo lo demás.

Quizás tengas pensamientos similares a aquellos de Miguel cuando me retó en todo este concepto.

—Oye, espera un momento —dijo Miguel—; eso no puede ser verdad.

Ya sé que resulta difícil de creer —le aseguré.

—Bueno, tomemos por ejemplo a mi esposa, Carolina —expresó—. Ella se ha divorciado de mí; pero no me puedes decir que todos los problemas que tuvimos en nuestra relación se pueden atribuir a mi fracaso en amarla. No me lo creo.

Para probar mi aserción, le pedí: —Dame un ejemplo —algo que no te gustaba de ella—, y vamos a ver si podemos verificar este asunto.

—Por ejemplo esto —dijo confiado de que podía refutar el concepto—: La noche de nuestra boda tuvimos relaciones sexuales. Ella quedó disgustada por la experiencia, y desde aquel día en adelante, durante más de veinte años, nunca disfrutó realmente de nuestra vida sexual. Carolina jamás iniciaba el acto conyugal, y ni siquiera quería tomar parte en él; siempre tenía yo que tomar la iniciativa. A mí me daba la impresión que era más bien un objeto que no estaba realmente involucrado en la relación. ¿Cómo podría ser yo la causa de ello? En nuestra noche de bodas, ¡cambió en cuanto a mí!

Antes de casarse, Miguel había estado saliendo con Carolina durante tres años; así que le pregunté cómo la trataba entonces.

—Bueno. . . bien —dijo.

—Miguel, da la casualidad de que conozco que no era así. Tanto tú como yo sabemos que tenías la reputación de portarte mezquinamente y de ser sumamente insensible con ella. ¿Recuerdas algunas de las cosas que hiciste?

Cuando admitió que recordaba, expresé: —Realmente herías sus sentimientos. ¿Resolviste alguna vez tus ofensas con ella durante todos esos años que salieron juntos?

—No, no lo hice —replicó—. No sabía cómo hacerlo; no entendía lo que debía hacer.

—¿Por qué se casó ella contigo: para escaparse de su familia?

—Sí.

—Luego, la primera noche, se dio cuenta de que el sexo no era algo tan extraordinario. . . ¿Sabes por qué? —pregunté—. Porque ustedes dos no estaban en armonía. Y además de este hecho, ¿la preparaste para tener relaciones sexuales?

Le expliqué que muchas mujeres me hablan de su necesidad de tener hasta tres días de preparación romántica y emocional para la relación sexual, antes de que puedan responder a sus esposos. Una mujer es en cierto modo como una plancha; y un hombre semejante a una bombilla. Ella *se calienta* hasta llegar a la expresión sexual; mientras que él *se enciende inmediatamente*.

—¿Aclaraste alguna vez tu conciencia con ella? ¿Resolviste jamás aquellas ofensas pasadas después de contraer matrimonio? —le pregunté.

—No, nunca lo hice —Miguel jamás había admitido sus errores.

—¿Criticabas mucho a tu esposa? —inquirí. La cabeza de Miguel se agachaba cada vez más; y llegó incluso a admitir que en cierta ocasión le dijo a ella que todos los problemas que tenían eran por su culpa. Después de unos pocos minutos, las lágrimas aparecieron en sus ojos al darse cuenta de cuán insensible, cruel y áspero había sido durante todos aquellos años.

El cuadro de las páginas 86 y 87, te proporcionará algunas ilustraciones adicionales para ayudarte a descubrir cómo puedes haber contribuido a debilitar tu relación matrimonial (dicho cuadro fue ideado por Ken Nair, conferenciante y consejero matrimonial y familiar). Y si necesitas ayuda, tienes un experto en tu propio hogar: tu esposa. Puede que te quedes asombrado al ver lo bien que ella recuerda tus palabras y acciones faltas de amor. Sin embargo, muchas *esposas* dicen que tienen miedo de sus esposos: miedo a ser sinceras —por temor a que éstos las *rechacen* o *critiquen* al considerarlas ilógicas, demasiado susceptibles o rencorosas.

Si reaccionas ante esta idea, sabes que no estás solo: muchas esposas y mujeres solteras te acompañan

En cierta ocasión, expliqué este concepto a una mujer mayor cuyo esposo la había abandonado por otra más joven después de llevar muchos años casados. Ella se resistía a la idea de que yo pudiera atribuir su relación rota al fracaso de su esposo.

—Eso es ridículo; todo el mundo sabe que cada uno de los cónyuges tiene un 50 por ciento de la culpa. Yo soy tan responsable como él —argumentó.

—Bueno —le dije—. Estoy buscando mi primera excepción. Le quedaría ciertamente agradecido, si me explicara donde actuó mal en la relación.

Una hora después, ella se dio cuenta de que habría respondido de un modo muy diferente durante esos años, si su esposo la hubiera tratado de una forma distinta. Y descubrimos que todo aquello de lo cual él la había acusado, era debido a su propio fracaso en amarla.

Algunos hombres (incluyéndome a mí) han dicho que este material es peligroso, ya que hará a las mujeres irresponsables; y se aterran, porque tienen miedo de que sus esposas les acusen de cosas de las cuales ellas son culpables en su relación matrimonial. Puedo entender tal pánico. En general, este concepto nos enfurece; ya que revela nuestra irresponsabilidad como esposos y no podemos soportarlo —especialmente al principio. Créeme que conozco y comprendo la lucha que quizás esté teniendo lugar dentro de ti en este momento.

También algunas mujeres solteras reaccionan negativamente al presente concepto en un principio. Por ejemplo, en cierta ocasión oí por casualidad a dos de mis editoras que discutían las ideas de este libro: una era soltera y la otra casada.

—Sencillamente no puedo creer que algunas de las ideas de este libro sean buenas —decía Debi, una mujer soltera de veinticinco años—. No estoy de acuerdo con parte del mismo: por ejemplo con eso de que las mujeres sean más emocionales.

—Espera a estar casada —le contestó Judy—. En año y medio de matrimonio, mi esposo y yo habíamos tropezado con muchos de los problemas de los cuales trata el libro de Gary.

—Sin embargo, algunas de las generalizaciones me molestan —continuó Debi—. No me parece que las mujeres sean en general más sensitivas y los hombres más lógicos. No pienso que tú eres más sensitiva, porque te he visto trabajando y te conozco.

—Pero en el matrimonio es diferente —dijo Judy—. Precisamente el otro día, cuando mi esposo estaba leyendo un capítulo que yo había corregido, expresó: "¡Eh, me parece que estás dejando que tus pensamientos se cuelen en este libro!"; ya que el ejemplo era casi una descripción idéntica de cierta conversación que habíamos tenido recientemente.

Si esta sección del libro consigue tan sólo estimularte para que trates de encontrar una excepción a la regla, habrá valido la pena; y si de aquí a cinco años descubrimos cientos de excepciones, aun así la experiencia no habrá sido dañina, ya que tú y yo necesitamos llegar a ser cónyuges más responsables y amantes sin importar lo que hagan nuestras esposas. Tal es la base del amor verdadero: *hacer lo que está bien pese a lo que la otra persona haga o diga.*

El amor verdadero nos motiva a construir una relación principalmente por el bien del otro; y cuando lo hacemos, salimos *ganando* —ya que podemos disfrutar de unos lazos mejores.

Más abajo hay una lista de algunas de las maneras (más de cien) en las que un esposo puede ofender a su esposa. Cuando el hombre reconoce que lo ha hecho en una de estas formas, ha de resolver la ofensa para restaurar su relación conyugal. ¿Por qué no decir a tu esposa que marque aquellas que son ciertas en tu caso?

1. No hacerle caso.
2. No estimar sus opiniones.
3. Mostrar más atención hacia otros que hacia ella.
4. No escucharla, o no comprender lo que ella piensa que es importante.
5. Excluirla, no hablando con ella o no escuchándola (el trato silencioso).
6. Distraerte fácilmente cuando ella está tratando de hablar.
7. No planear tiempo especial para estar con ella.
8. No estar abierto para hablar de cosas que no comprendes.
9. No estar abierto para hablar de cosas que ella no comprende.
10. No darle oportunidad de que exprese su opinión en cuanto a decisiones que afectan a toda la familia.
11. Disciplinarla airándote o permaneciendo silencioso.

12. Bromear acerca de algunas áreas de su vida.
13. Hacer declaraciones sarcásticas en cuanto a ella.
14. Insultarla delante de otros.
15. Replicarla rápidamente.
16. Darle amonestaciones ásperas.
17. Usar palabras desconsideradas con ella antes de pensar bien en qué manera éstas la afectarán.
18. Regañarla con dureza.
19. Reprenderla antes de darle una oportunidad para explicar la situación.
20. Levantar la voz al hablarle a ella.
21. Hacer comentarios críticos sin ninguna base lógica.
22. Maldecir o usar un lenguaje soez en su presencia.
23. Corregirla en público.
24. No tener tacto al señalarle sus debilidades o su falta de conocimiento.
25. Recordarle airadamente que le advertiste que no hiciera una cierta cosa.
26. Tener actitudes menospreciativas o críticas.
27. Presionarla cuando ya se encuentra desmoralizada u ofendida.
28. Sermonearla cuando necesita ser consolada, animada o tratada amablemente.
29. Romper promesas sin ninguna explicación, o sin pedirle a ella de ser liberado de las mismas.
30. Decirle lo estupendas que son otras mujeres, o compararla con ellas.
31. Guardar rencor acerca de algo que ella hizo y que luego intentó corregir.
32. Ser irrespetuoso con su familia y parientes.
33. Forzarla a una discusión.
34. Corregirla o castigarla con ira por algo de lo que ella no es culpable.
35. No elogiarla por algo que hizo bien, aunque fuera para ti.
36. Tratarla como a un niño.
37. Ser grosero con ella o con otra gente —como por ejemplo con el personal de un restaurante, o los dependientes— en público.
38. No ser consciente de sus necesidades.
39. Ser desagradecido.
40. No tener confianza en ella.
41. No aprobar lo que hace o cómo lo hace.
42. No estar interesado en su propio desarrollo personal.

43. Ser inconsecuente o tener criterios dobles (permitiéndote hacer cosas que no le dejas hacer a ella).
44. No darle consejo cuando ella realmente lo necesita y lo pide.
45. No decirle que la quieres.
46. Tener actitudes orgullosas y arrogantes en general.
47. No darle ánimo cada día.
48. Dejar de incluirla a ella en la conversación cuando se encuentran con otra gente.
49. No pasar con ella suficiente tiempo —cuantitativa o cualitativa- mente hablando— cuando están en una fiesta.
50. Apabullarla; o sea continuar discutiendo o argumentando sobre cierto punto sólo para demostrar que tienes razón.
51. No hacerle caso cuando te encuentras en tu hogar; como si ella no fuera un miembro de la familia.
52. No escuchar lo que ella cree que es importante tan pronto como llegas a casa del trabajo.
53. No hacerle caso en las reuniones sociales.
54. No ir a la iglesia como familia.
55. Dejar de expresar sinceramente cuáles crees son los sentimientos más profundos de ella.
56. Mostrar más entusiasmo por tu trabajo, o por otras actividades, que por ella.
57. Ser descortés durante las comidas.
58. Tener maneras descuidadas en casa y delante de otros.
59. No invitarla a hacer salidas románticas de vez en cuando (ustedes dos solos).
60. No ayudarla con los niños momentos antes de las comidas o durante tiempos de tensión.
61. No presentarse como voluntario para ayudarla a fregar los platos de vez en cuando —o para limpiar la casa.
62. Hacer que se sienta inútil cuando comparte alguna idea acerca de tu trabajo o de las decisiones que necesitas hacer.
63. Hacerla sentir indigna por desear unos ciertos muebles, un cierto tipo de seguro, u otras cosas materiales necesarias para sí misma y para la familia.
64. No ser constante con los niños; o no tomar interés en jugar o pasar suficiente tiempo con ellos —cualitativa y cuantitativamente.
65. No mostrar cariño hacia ella en público: como por ejemplo cogién- dole la mano o rodeándola con tu brazo (que de otro modo da la

impresión que te encuentras avergonzado al estar con ella).

66. No compartir tu propia vida con ella —como tus ideas o sentimientos (por ejemplo: qué pasa en el trabajo).
67. No ser el líder espiritual de la familia.
68. Exigir que ella se someta a ti.
69. Exigir que tenga relaciones sexuales contigo cuando no están en armonía.
70. No estar dispuesto a admitir tus propios fallos.
71. Resistirte cuando ella comparte uno de los puntos débiles que tienes.
72. Estar demasiado ocupado con tu trabajo y otras actividades.
73. No mostrar compasión y comprensión hacia ella y los niños cuando hay una necesidad real.
74. No planear el futuro, haciéndola sentir muy insegura.
75. Ser tacaño con el dinero, haciendo que tenga la impresión de que le están pagando un sueldo —y no demasiado alto.
76. Querer hacer cosas que la incomodan sexualmente.
77. Leer revistas acerca del sexo delante de ella o de los niños.
78. Obligarla a hacer muchas de las decisiones referentes al talonario de cheques y a las facturas.
79. Forzarla a que se enfrente a los cobradores de recibos y a las facturas atrasadas.
80. No dejarla que se apoye de vez en cuando en tu benignidad y fortaleza.
81. No permitir que falle —creyendo siempre que tienes que sermonearla.
82. Rehusar a dejarla que sea una mujer.
83. Criticar sus características o su sensibilidad femeninas como si se tratara de debilidades.
84. Gastar demasiado dinero, metiendo así a la familia en unas deudas excesivamente grandes.
85. No tener sentido del humor ni bromear con ella acerca de cosas.
86. No decirle lo importante que es ella para ti.
87. No mandarle cartas de amor especiales de cuando en cuando.
88. Olvidarte de fechas especiales —como el aniversario y cumpleaños.
89. No defenderla cuando otra persona se está quejando de ella o denigrándola (especialmente si se trata de uno de los familiares o amigos tuyos).
90. No ponerle el brazo alrededor y abrazarla cuando tiene necesidad de consuelo.

91. No alabarla ante otra gente.

92. Ser deshonesto.

93. Desanimarla en cuanto a tratar de mejorarse a sí misma —ya sea mediante la educación o la aptitud física.

94. Continuar con hábitos desagradables o dañinos: como el llegar a casa borracho.

95. No tratarla como si estuvieran estampadas en su frente las palabras "Manéjese con cuidado".

96. No prestar atención a sus familiares y a la gente que es importante para ella.

97. No hacerle ningún caso; dando por sentado que "el trabajo de una mujer en la casa nunca termina".

98. No incluirla en planes futuros hasta el último minuto.

99. No darle nunca pequeñas sorpresas.

100. No tratarla como igual intelectualmente.

101. Considerarla un individuo más débil en general.

102. Estar absorto con tus propias metas y necesidades, haciendo que se sienta como si ella misma y los niños no contaran.

103. Amenazarla con nunca dejarle hacer algo de nuevo, porque cometió cierta equivocación en el pasado.

104. Criticarla a sus espaldas (resulta verdaderamente doloroso para ella si oye acerca de tus críticas por medio de otro).

105. Culparla por cosas de tu relación matrimonial que son claramente faltas tuyas.

106. No estar consciente de sus limitaciones físicas, y tratarla como a un hombre peleando en broma con ella o haciéndola cargar objetos pesados.

107. Perder la paciencia o airarte con ella cuando no puede ir al paso de tu horario o no tiene tu aguante físico.

108. Hacerte el mártir si sigues las opiniones de ella.

109. Ponerte de mal humor cuando ella desafía sus comentarios.

110. Asociarte a demasiadas organizaciones que la excluyen a ella y a los niños.

111. Dejar de arreglar cosas en la casa.

112. Ver demasiado la televisión, y a consecuencia descuidarla a ella y a los niños.

113. Exigiéndole que se siente y escuche el punto de vista tuyo, cuando tiene que ocuparse de las necesidades de los niños.

114. Insistir en sermonearla con objeto de transmitirle ciertos puntos que consideras importantes.
115. Humillarla con palabras o acciones, diciendo cosas como: "No puedo soportar el vivir en una pocilga".
116. No tomar tiempo con objeto de prepararla para que disfrute de la intimidad sexual.
117. Gastar dinero de un modo extravagante sin ayudar a aquellos menos afortunados.
118. Evitar actividades familiares que gustan a los niños.
119. Tomar vacaciones principalmente para tu propio placer —como por ejemplo para pescar o cazar—, y que le impiden a ella comprar y hacer aquellas cosas que le gustan.
120. No permitirle que se escape de los niños para ir a comprar cosas especiales, estar con sus amigas, o pasar un fin de semana fuera con éstas.
121. Estar poco dispuesto a hacer con ella cosas que a ella le gustan: como comprar, salir a tomar café y postre a un restaurante.
122. No comprender las tareas aburridas que realiza una esposa: como por ejemplo tener que recoger ropas y juguetes todo el día, limpiar narices, poner y quitar botas y chaquetas llenas de barro, lavar y planchar y muchas otras cosas más.

Para meditación personal

1. ¿Qué deberíamos hacer si nuestro cónyuge nos ofende? Lucas 17:3, 4.
2. ¿Qué actitud deberíamos tener cuando reprendemos a un ofensor? Gálatas 6:1; Proverbios 15:1.

Como la falta de amor verdadero

ACCIONES DEL ESPOSO

Falta de amor verdadero del esposo	Ampliados
INFORMAL	Deja pasar el tiempo sin darse cuenta.
DESCONFIADO Y REPROBADOR	Tiene una actitud de superioridad en las finanzas. Exige controlar todo el dinero. No deja que su esposa esté al corriente de la condición económica de la familia; y tiene la convicción de que ella le arruinaría si se le diera la oportunidad.
AIRADO Y EXIGENTE	Reacciona exageradamente con ira hacia los niños y hacia otras personas. No le gusta que la familia le incomode. Establece pautas demasiado difíciles para los niños.
INSENSIBLE Y POCO AMABLE	Utiliza palabras hirientes con otros. Usa a su esposa y a otras personas como fuente de humor.
DISTRAIDO, NEGLIGENTE E INDIGNO DE CONFIANZA	Absorto en sus intereses particulares. Desecha los sentimientos personales de otros considerándolos poco realistas o nulos —si es que los reconoce de algún modo. La reputación de los suyos se ha visto dañada a causa de su falta de consideración por otra gente.
FALTO DE INTERES E IRRESPONSABLE	No parece preocuparse por las necesidades de su familia, y da la impresión de que la única obligación que cree que tiene para con los suyos es la económica.

esposo debilita una relación conyugal

RESULTADO	RESPUESTAS DE LA ESPOSA
Hábitos ofensivos de la esposa	Ampliados
REGAÑONA	Recuerda repetidamente a su esposo cosas que necesitan atención, con ilustraciones de los errores pasados del hombre.
GASTADORA IMPULSIVA	Gasta el dinero como si se obtuviera muy fácilmente; y parece irresponsable con el mismo cuando éste cae en su poder. Utiliza sin preocupación las tarjetas de crédito.
PERMISIVA CON LOS NIÑOS	Da excusas a su esposo por la desobediencia de los niños, y guarda secretos de éste en cuanto a la conducta de ellos.
DEMASIADO EMOCIONAL	Llora a menudo, y se siente herida con facilidad. Se resiente durante mucho tiempo. Es capaz de recordar ofensas pasadas en detalle.
DOMINANTE	Contesta a todas las preguntas; incluso aquellas dirigidas a su esposo. Hace las decisiones en el hogar, y asume responsabilidad para disciplinar a los niños.
REGAÑONA	Recuerda repetidamente a su esposo cosas que necesitan atención, con ilustraciones de los errores pasados del hombre.

¿Puedes identificarte con algunos de est

COSAS QUE A UN ESPOSO NO LE GUSTAN DE SU ESPOSA, Y LAS CUALES CRITICA

1. Ella quiere estar más con su propia madre que con él.
2. Es perezosa en cuanto a los trabajos de la casa.
3. Es frígida.
4. Es solapada.

5. Es exageradamente criticona en cuanto a la forma que él tiene de gastar el dinero.
6. Evita el realizar actividades con él.

7. Le hace sentir como alguien insignificante.
8. Tiene miedo a hablar delante de grupos.

9. Grita a los niños por la mañana.

10. Es inflexible, y siempre se ofende.
11. Es independiente.
12. Es rebelde (insumisa).
13. Es irrespetuosa hacia él.
14. Es irritable, colérica.
15. Reacciona de un modo negativo hacia sus amigos.

16. Es regañona.

17. Tiene miedo a mudarse de casa o de lugar.
18. Habla demasiado por teléfono.
19. Es demasiado indulgente con los niños.
20. Reacciona de una manera negativa hacia los parientes de él.

21. Es demasiado estricta con los niños.
22. Es reacia a orar con él.

flictos típicos en el matrimonio?

EVIDENCIA CORRIENTE DEL FRACASO DEL ES-POSO EN CUANTO A AMAR A SU ESPOSA

1. Es excesivamente crítico y poco comunicativo.
2. Es crítico de cómo tiene la casa —un perfeccionista exigente.
3. La ofende con su aspereza, es intolerante, e injuria a los niños.
4. Es crítico, acusador, áspero, inflexible, insensible a las necesidades de los niños, terco, y excesivamente discutidor.
5. Es irresponsable y extravagante con el dinero.

6. Es crítico, no le gustan las diversiones, es poco comunicativo y reacio a ir de compras o a detenerse para tomar con ella una taza de café.
7. Es duro, y la ofende severamente.
8. Critica la gramática de ella o su capacidad para expresarse con palabras.
9. Es indisciplinado, descuida la educación de sus hijos, y no la ayuda a prepararlos para la escuela.
10. La rechaza y la critica excesivamente.
11. Es demasiado posesivo y crítico en cuanto a ella.
12. La ha ofendido seriamente, y no ha resuelto la ofensa.
13. Es áspero con ella y la evita cuando están con otra gente.
14. La ha ofendido severamente y quebrantado promesas.
15. Prefiere sus amigos a los de ella, y defiende a aquellos por encima de estos últimos.
16. No asume su responsabilidad, o es descuidado o indigno de confianza.
17. Hace cambios repentinos o es demasiado impulsivo.
18. No se comunica lo suficiente con ella.
19. Es demasiado estricto con los niños.
20. Prefiere sus propios parientes a los de ella.

21. Es demasiado indulgente con los niños.
22. La ha estado ofendiendo sin resolver las ofensas.

6. Lo que ninguna mujer puede resistir

"Ninguna palabra corrompida salga de vuestra boca, sino la que sea buena para la necesaria edificación" (Efesios 4:29).

El crujir de las tortillas de maíz tostadas distrajo mi atención del partido de fútbol aquel sábado por la tarde; y, con asombro, observé cómo mi esposa y mis tres hijos empezaban a comer sus emparedados y a beber sus refrescos, mientras yo me encontraba sentado a menos de un metro de ellos sin nada que llevarme a la boca.

¿Por qué no me ha preparado un emparedado? —me pregunté. *Yo soy el único que gana el pan, y se me pasa por alto como si no existiera.* Luego carraspeé ruidosamente para atraer la atención de mi esposa. Al no dar aquello resultado, me puse tan irritado que entré en la cocina, saqué el pan, y me preparé mi propio emparedado. Cuando me senté de nuevo frente a la televisión, Norma no dijo ni una palabra, ni tampoco yo; pero seguí pensando: *Si las mujeres son tan sensitivas, ¿cómo es que no sabía que yo quería un emparedado? Y si son tan despiertas, ¿por qué no me oyó carraspear o notó que no le estaba hablando? ¿Cómo es que no se dio cuenta de la expresión de irritación que había en mi cara?*

Pocos días después, cuando estábamos hablando tranquilamente, dije a Norma: —Me he estado preguntando realmente acerca de una cosa, pero dudaba hacerte esta pregunta. El otro día me sentí verdaderamente intrigado... ¿Puedes contestarme a algo personal? —para entonces ya había despertado su curiosidad.

—Claro —dijo ella.

—¿Te acuerdas del sábado último, cuando yo estaba viendo el partido de fútbol y tú hiciste emparedados para todos los niños? ¿Te puedo preguntar por qué no me preparaste uno?

—¿Estás hablando en serio? —expresó, mientras me miraba con tal asombro que realmente me desconcertó.

—Pues claro que hablo en serio. Me parece que ya que soy yo quien gana todo el dinero para la comida en esta casa, me podías haber preparado también algo de comer.

—Sabes, ni siquiera puedo creer que algún día me harías una pregunta como esa —dijo. Para entonces, yo estaba pensando: *Quizás no hubiera debido preguntar; tal vez tendría que saber la respuesta.* A ella le parecía algo muy obvio; pero para mí no lo era en absoluto.

—Norma, realmente no lo veo. Admito que en algunas áreas soy ciego —proseguí—; y ésta es una de ellas. ¿Te importaría decírmelo?

—Algunas veces, a las mujeres se nos acusa de ser tontas, pero no lo somos —contestó—: No nos exponemos para ser criticadas.

Ella parecía pensar que aquello explicaba por qué no me había hecho un bocadillo.

—Eso lo puedo entender: ¿pero qué tiene que ver con los emparedados?

—¿Te das cuenta de que cada vez que te hago uno no dejas de criticar? "Norma, no me has dado bastante lechuga... ¿Está maduro este aguacate?... Pones demasiada mayonesa... Oye,¿qué pensarías de un poco de mantequilla?... Bueno, está un poco seco...".

—Quizás nunca te hayas dado cuenta, pero para cada emparedado que te he hecho has tenido una expresión de crítica. Sencillamente, el otro día no estaba dispuesta a ser criticada. No valía la pena; no disfruto de las críticas.

Yo tenía la cara pálida; porque podía recordar todas las veces que la había criticado cuando me tendía emparedados. Estaba únicamente cosechando el fruto de mis maneras: había sembrado crítica, y cosechaba un plato vacío. Me alegro de poder decir que después de aquella experiencia comencé a alabar cada emparedado que me hacía; y ahora, me los prepara sin titubear.

Poco tiempo después de que Marilyn dejara a Roberto, le pregunté a ella si podía recordar cosas por las que su esposo la hubiera alabado: no podía traer a la memoria ni una sola vez que lo hiciera durante sus más de veinte años de casados. Los hijos del matrimonio lo confirmaron; estaban de acuerdo en que su madre nunca había servido una sola cena que su padre no criticara de alguna manera. Se quejaba cuando la sal y la pimienta no estaban en la mesa, o cuando ella no había cocido la carne exactamente como era debido. Por último, Marilyn llegó al punto en el que no quería ni siquiera estar cerca de la personalidad crítica de Roberto; y le abandonó por otro hombre.

—En cierto modo estoy contento de que me deje —dijo Roberto—; ya que de todas formas nunca quiere hacer nada conmigo. Es una aguafiestas y una solitaria. Me excluye de sus actividades. ¿Sabes que jamás ha querido ir conmigo de vacaciones? He intentado e intentado, pero nunca quiere. También yo estoy hastiado de ella.

No hablamos de sus problemas conyugales hasta después de que me hubo contado acerca de su cambio de trabajo debido a la fricción con su antiguo jefe.

—¿Cómo te trataba, Roberto? —le pregunté.

—Salía al almacén, donde yo era el encargado, y buscaba alguna cosita de nada por la que chillarme delante de todos mis subalternos. Eso me hería de veras. Luego, volvía a su oficina y yo seguía gastándome los dedos trabajando. Nunca se dio cuenta de lo duro que trabajaba, ni dijo nada positivo acerca de ello. Ya no podía aguantarlo más, así es que pedí el traslado.

Entonces pregunté: —Roberto, ¿te irías de vacaciones con tu jefe?

—¿Estás bromeando? Esa sería la peor cosa del mundo —contestó.

—¿Y qué me dices de realizar otras actividades con él?

Cuando dijo que no, le señalé que como esposo él era igual que su jefe. Entonces, bajó la cabeza y las lágrimas aparecieron en sus ojos.

—Tienes razón. No es de extrañar que Marilyn nunca quisiera ir a ninguna parte conmigo. Nunca pienso en las cosas que ella hace para agradarme; y siempre la estoy criticando delante de los niños y de nuestros amigos.

Pero era demasiado tarde. Marilyn estaba ya enamorada de otro hombre. Aunque Roberto cambió drásticamente y ahora es mucho más sensible hacia las mujeres, su esposa se divorció de él y se volvió a casar.

Las mujeres necesitan que se las elogie; y deberíamos poder comprender esa necesidad, ya que también nosotros queremos saber que somos de valor para otras personas. Una de las maneras en las que conocemos que se nos necesita, es cuando otros expresan su estima por *lo que somos* y *lo que hacemos*.

Las Escrituras nos recuerdan que nuestras relaciones más importantes implican alabanza:

1. Alabar a Dios (Salmo 100:4).
2. Alabar a nuestras esposas (Proverbios 31:28).

3. Alabar a otros; por ejemplo a nuestros amigos cristianos (Efesios 4:29).

Recuerdo intensamente cuando, hace años, mi jefe me dijo: "Si tan sólo tuviera diez hombres como usted trabajando aquí, cambiaríamos el mundo". Después de aquello me sentí tan motivado que no podía hacer demasiado para él.

Los profesores saben cómo la alabanza motiva a los niños. Una profesora dijo que todos los días alababa sin excepción a cada uno de sus alumnos de tercer año de enseñanza primaria. Sus estudiantes eran los más motivados, animados y entusiastas de la escuela. Cuando mi profesor suplente de geometría en la escuela secundaria me encomió regularmente, mi nota media subió de casi aprobado a un sobresaliente en seis semanas.

Sabiendo lo significativa que puede ser la alabanza, ¿por qué los esposos dejamos de expresársela a nuestras esposas? Hay varias razones para ello. La más corriente es una preocupación con nuestras propias necesidades, vocación y actividades. Cuando estamos preocupados, perdemos de vista las cualidades positivas y útiles de nuestras esposas; y lo que es todavía peor: no admitimos sus rasgos provechosos cuando los observamos.

Cuando un esposo olvida la necesidad de alabanza que tiene su esposa, por lo general el matrimonio se está deteriorando. Y si él expresa constantemente lo amargo en lugar de lo dulce, su relación conyugal se hará menos satisfactoria cada día. La crítica es devastadora —especialmente si se expresa con ira o aspereza (Proverbios 15:1-4). Cuando un esposo se queja amargamente contra su esposa por sus cualidades femeninas únicas, transmite a ésta una falta de aprobación como persona. Esto debilita automáticamente la relación entre ambos.

En su libro *Life is Tremendous* (Vivir es formidable), Charlie Jones dice que no podemos disfrutar de la vida hasta que aprendemos a ver en cada cosa y a decir de todo algo positivo. Aunque *ninguno de nosotros seremos jamás completamente positivos* acerca de la existencia —expresa—, podemos estar *en el proceso* de aprender, crecer y desarrollarnos hacia una actitud positiva.

Si desarrollas dicha actitud positiva, no solamente querrán otras personas estar más a menudo contigo, sino que tu esposa también se beneficiará tremendamente. Ella tendrá un mayor sentido de su dignidad y valor personales, sabiendo que le has proporcionado el estímulo que sólo un esposo puede dar.

Estimula a tu esposa y profundiza tu relación matrimonial siguiendo estos dos pasos sencillos para aprender a alabarla.

Alábala (por lo menos) una vez al día

En primer lugar, promete decirle diariamente a tu esposa lo que aprecias de ella. Prométetelo a ti mismo, no a tu esposa; ya que ésta podría desarrollar expectativas y sentirse herida si te olvidas. Comienza por aprender a expresar con palabras tus propios pensamientos de aprecio.

He aquí algunas expresiones típicas las cuales ciertas esposas me han dicho que les gusta oír:

1. "¡Vaya comida! La manera en que cubriste esta carne con verduras de crema agria... ¡Mmmm! Era algo delicioso".
2. (La siguiente es magnífica acompañada de un beso por la mañana temprano.) "Querida, te amo de veras. Eres alguien especial para mí".
3. Cuando te encuentres con amigos, di: "Esta es *mi* esposa".
4. Pon notas cortas pegadas en el refrigerador, como: "Me encantó cómo ibas arreglada ayer por la noche".
5. "Qué esposa tan delicada eres, todos los días me haces la comida".
6. "Nuestros hijos están verdaderamente bendecidos con una madre como tú que cuida tan bien de ellos".
7. "No sé si prefiero el vestido o lo que está dentro".
8. "¿Que si me gusta tu peinado? Me gustaría cualquiera que tuvieras sólo porque lo llevas tú".
9. "Me gustaría salir contigo esta noche únicamente para lucirte".
10. "Querida, has trabajado mucho. ¿Por qué no te sientas y descansas durante un rato antes de cenar? Puedo esperar".
11. "Eres tan especial para mí, que me gustaría hacer algo especial para ti ahora mismo. ¿Por qué no tomas un baño y descansas? Yo voy a fregar los platos y a hacer que los niños empiecen con las tareas de la escuela".

En su libro *Forever My Love* (Mi amor para siempre), Margaret Hardisty recalca que las mujeres tienden a enfocar la vida de una manera emocional; mientras que los hombres lo hacen en una forma más lógica y algunas veces fríamente objetiva. Por lo tanto, cuando alabas a tu esposa, es importante que utilices palabras y acciones que le comunican elogio *desde el punto de vista de ella*. Por lo general, todo lo que es romántico o tiene que ver con construir unas relaciones más profundas, agrada a la esposa.

Sé original cuando alabas

Cierto esposo, logró recuperar a su esposa en parte gracias a la alabanza original. El hombre compró 365 caramelos envueltos, escribió un
mensaje especial en cada uno de los envoltorios, y los precintó de nuevo.
Su esposa abrió un caramelo cada día, y leyó lo que él apreciaba en ella
durante todo un año.

A las mujeres les encanta encontrar notas escondidas —en su joyero,
en el cajón de los cubiertos, en el botiquín. . . Busca maneras de alabar
a tu esposa: las posibilidades son incontables. ¿Qué tipo de elogio te
gustaría que te hiciera tu jefe? Prueba un poco del mismo con tu esposa.
Puede que digas: "Bueno, no necesito mucha alabanza. Me encuentro
seguro en mi trabajo, y realmente no preciso de ella". Entonces entrevista
a algunos de los que trabajan contigo para ver cómo les gustaría que los
alabaran. Algunas de las ideas podrían dar resultado con tu esposa. También pregúntale qué tipo de elogios le gusta recibir.

No llames la atención sobre sus rasgos poco atractivos

Indudablemente, las arrugas, las canas, y el exceso de peso, no se
encuentran en la lista de posibles iniciadores de conversación. Incluso
tus comentarios casuales acerca de tales cosas pueden hacerle insegura
a tu esposa —es posible que tema que la cambien por un "modelo más
reciente". Ella sabe que el divorcio es algo demasiado fácil y corriente
en nuestros días.

Cierto esposo escribió a su esposa una linda poesía acerca de cuánto
le gustaban las pequeñas arrugas que ella tenía y como le encantaba
acariciar sus "células de celulosa". Aunque iba suavizada con flores,
aquella tarjeta hizo llorar a la mujer durante horas. Hombres, hemos de
alabar a nuestras esposas sin atraer la atención sobre lo que ellas creen
que son sus rasgos poco atractivos.

Eso no significa que deberías utilizar la adulación hipócrita. ¿No has
estado nunca en una fiesta donde alguien te lisonjea, aunque sabes en tu
interior que la persona no cree lo que dice? Algunas veces, un esposo
expresa casualmente: "Oh, sí, me gusta de verdad ese vestido"; pero por
lo general su esposa puede detectar si no está siendo franco. Aunque no
te resulte bonito el vestido que ella lleva, puedes decir algo sincero, como
por ejemplo: "Querida, ese vestido no es ni la mitad de atractivo que
tú".

¿Sabes que puedes encontrar algo loable aun en las faltas de tu esposa? El cuadro siguiente puede ayudarte para que comiences a descubrir los aspectos positivos que hay en aquellas cosas que consideras sus "defectos".

Cómo encontrar el lado positivo de los rasgos "negativos" de tu esposa

Negativo	Positivo
1. Curiosa	Puede que sea muy *despierta* o *sociable*.
2. Quisquillosa	Puede que sea muy *sensible*.
3. Manipuladora	Puede que sea una persona muy *ingeniosa* con muchas ideas originales.
4. Tacaña	Puede que sea muy *ahorrativa*.
5. Habladora	Puede que sea muy *expresiva y dramática*.
6. Frívola	Puede que sea alguien *entusiasta y alegre*.
7. Demasiado seria	Puede que sea una persona muy *sincera y formal* con *convicciones firmes*.
8. Demasiado atrevida	Puede que tenga *convicciones firmes*, y sea *intransigente* consigo misma en cuanto a sus propios criterios.
9. Rígida	Puede que sea una persona *bien disciplinada* con *convicciones firmes*.
10. Dominante	Puede que sea muy *segura de sí misma*.
11. Soñadora	Puede que sea muy *creativa e imaginativa*.
12. Demasiado exigente	Puede que sea muy *organizada y eficiente*.

La alabanza *específica* es mucho mejor que la *general*. Por ejemplo el decir: "La cena era excelente", no le significa ni por aproximación tanto como: "Los espárragos con salsa de nuez moscada estaban magníficos, nunca los he comido tan buenos. No sé cómo puedes tomar verduras simples y ordinarias y convertirlas en unas delicias tan apetitosas". Decirle: "Eres una mamá admirable", no la pondrá en órbita; pero quizás sí el expresar: "Estoy realmente agradecido por haberme casado con una mujer tan sensible que sabe exactamente cómo hacer que nuestros hijos se sientan importantes. Desde luego, tienen suerte de que su madre sea así de sensible".

No hay momentos oportunos e inoportunos para alabar a tu esposa.

A ella le gustará que lo hagas cuando se encuentran solos los dos o cuando estén con sus hijos o amigos. Asegúrate de no limitar tus elogios a las ocasiones en las que se hallan en público o cuando están a solas. Si solamente la alabas cuando hay otros delante, puede sospechar que estás alardeando para tus amigos; y si lo haces únicamente en los momentos en que se encuentran solos, es posible que piense que te resulta embarazoso el elogiarla.

Siempre que la alabes, es importante que concentres en ella toda tu atención. Si ella siente que tus pensamientos o tus sentimientos están en otra parte, tu alabanza le significará menos.

A medida que aprendas a alabar a tu esposa de una manera auténtica y constante, comenzarás a ver un nuevo brillo en los ojos de ella y a observar que hay una nueva vida en tu relación conyugal.

Cómo hablar acerca de la alabanza con tu esposa

1. Aprende a "cebar la bomba".

Esposo: ¿Qué tipo de elogios te gusta de veras recibir de la gente?

Esposa: No sé; siempre que sean sinceros me agradan.

Esposo: ¿Piensas que te alabo lo suficiente?

Esposa: Creo que sí.

Esposo: (Cebando la bomba) ¿Qué me dices de las comidas de la semana pasada? ¿Apreciarías el que te dejara saber más a menudo cuánto me gusta tu manera de cocinar?

Esposa: An, sí, ahora recuerdo que me esforcé especialmente con dos comidas la última semana, y ni siquiera lo mencionaste. . .

Ahora has conseguido que salga el agua; si puedes resistirlo, sigue bombeando. Muestra tu *interés* y *comprensión*, diciendo cosas como: "Debes sentirte herida de veras cuando no digo nada. Te mereces una medalla por aguantarme". Consuélala y deja que se despoje de algunos de sus sentimientos reprimidos.

2. Busca el sentido que se esconde detrás de sus palabras.

Esposo: Querida, ¿recuerdas la semana pasada cuando te di las gracias por la comida? Dime: ¿Exageré delante de Esteban y María?

Esposa: No te preocupes; está bien.

Esposo: ¿Aunque dije: "Estoy contento de tener visita; nunca ha cocinado mejor mi esposa"?

Esposa: Oh, sí, aquello me sentó mal; diste la impresión de que no hago buenas comidas para ti a menos que tengamos compañía.

Esposo: Pensé que te habría sentado mal. Veamos, ¿cuál hubiera sido una manera mejor de expresar lo que quería decir?

Un esposo necesita ayudar a su esposa para que sea todo lo sincera y directa posible, de tal manera que él pueda saber dónde está tensa la relación. Muchas veces, durante nuestros primeros años de casados, pedí a Norma que no se anduviera con rodeos ni jugara conmigo. Yo necesitaba tener claros los hechos para poder ajustar mi comportamiento y aprender a ser un mejor esposo. Espero que animarás a tu esposa a que sea tan directa como le resulte posible, para que te ayude a construir una relación más profunda y satisfactoria.

Para meditación personal

1. ¿Cómo desarrollamos una actitud positiva general? 1 Tesalonicenses 5:16–18; Romanos 8:28; Santiago 1:2, 3; Hebreos 12:11,15.

2. ¿Qué nos muestra el alabar a Dios acerca de nuestra relación con él? Salmo 100:4.

7. Lo que las mujeres admiran más en los hombres

"Corrige al sabio, y te amará" (Proverbios 9:8).

"El lunes renuncio" —dijo Jaime mientras entraba como un huracán por la puerta de la calle. Elena le recibió sosegadamente y escuchó a su encolerizado esposo. "¡Por último, mi jefe lo ha conseguido! Ya no voy a trabajar más para él" —expresó éste. Concediéndole tiempo y toda su atención, Elena dejó que Jaime se desahogara de su frustración. Luego, cuando la hubo vaciado por completo, le ayudó a considerar de nuevo la situación. Le recordó que nunca podría reemplazar las condiciones laborales ideales que tenía, ni su sueldo. Pronto Jaime había cambiado de idea. Y desde entonces, me ha dicho que fue la mejor decisión que haya hecho jamás. Hoy, disfruta de su trabajo más que nunca.

Cuando Jaime *honró* el consejo de Elena, no sólo hizo una sabia decisión profesional, sino también conyugal. El respeto y la admiración de su esposa hacia él aumentó en gran manera como respuesta a su apertura. El proverbio de que a la honra precede la humildad es todavía cierto hoy (Proverbios 15:33); y aún resulta más significativa la verdad de que el hombre que guarda la corrección *recibirá* honra (Proverbios 13:18). La humildad es una actitud interna que se manifiesta mediante una apertura a las ideas y a las sugerencias de otros; es el reconocimiento de que no lo sabemos todo, de que podemos cometer errores, de que siempre nos es posible adquirir más ciencia y entendimiento.

La incapacidad de aceptar consejo de otras personas puede destruir una relación. Lee cómo Lorenzo tuvo que aprender a duras penas a tomar en serio la corrección de su esposa.

Durante diez años, Lidia había tratado de explicar a Lorenzo lo mal que la hacía sentirse; pero el hombre simplemente no podía comprender. Su primer problema consistía en preferir sus parientes a su esposa. Siempre que él y Lidia estaban con su familia, Lorenzo esperaba que ella cambiara su horario con objeto de encajar en el de sus familiares. No importaba lo que ella hubiera planeado. Y para empeorar más las cosas, el hombre siempre se ponía de parte de aquellos y los defendía durante las discusiones.

Lorenzo, también tenía la costumbre de hacer más compromisos de los que podía cumplir —una promesa acá y otra allá—; y a menudo era culpable de olvidarse de dichos compromisos. No es que pretendiera perjudicar a nadie; de hecho sus intenciones eran buenas: quería tanto hacer feliz a la gente, que no podía decir "no" cuando le pedían algún favor.

Año tras año, Lidia trató de pensar en maneras ingeniosas de señalar estos dos problemas a su esposo; pero él no parecía captar nada. Por último, durante una visita particularmente tensa a la ciudad de origen de ambos, la mujer se quebrantó y lloró, expresando abiertamente aversión hacia los familiares de Lorenzo —lo cual dio como resultados reprimendas y represalias por parte de éste. Ninguno de los dos podía soportar aquella escena emocional, así que él se fue en el auto hasta un estacionamiento y allí permaneció sentado durante casi una hora intentando comprender el problema, pero no lo logró. Luego, cuando emprendieron el largo camino a casa, trataron de hablar del asunto una vez más; hasta que finalmente, Lidia dio con la combinación exacta de palabras que tenía sentido para Lorenzo.

—Oh, así que esa es la razón por la que no te gustan mis parientes —expresó él—. Ahora comprendo por qué no quieres que volvamos a vivir a nuestra ciudad. Cuando estamos con mi familia, siempre prefiero los sentimientos de ellos a los tuyos, y te sientes como alguien de segunda categoría. Eso tiene sentido.

Lidia estaba emocionada. Un problema se había resuelto; ahora sólo quedaba el otro.

Pero él seguía igual de ciego en cuanto al segundo problema como lo había estado respecto al primero; y aunque Lidia trataba de decírselo, finalmente tuvo que enterarse por medio de sus amigos a través de una experiencia muy dolorosa. Seis de sus compañeros convocaron una reunión especial para hablarle acerca de su manera excesiva de comprometerse. Todos habían sufrido a causa de su descuido; y en una forma gráfica, aunque amorosa, le explicaron a Lorenzo que su incapacidad de decir "no" estaba haciéndoles sentirse resentidos con él. Lorenzo estaba poniendo tensa su relación de amistad con cada uno de ellos. El hombre quedó tan avergonzado y humillado por aquella reunión de dos horas, que su primer pensamiento fue: *¿Por qué no habré escuchado a Lidia?*

Su esposa se sintió aliviada al ver que finalmente había comprendido su segundo problema principal; y el respeto que tenía por él aumentó automáticamente a causa de su buena disposición para mejorar una vez que entendió sus faltas. El llegó a estar deseoso de poner el esfuerzo y el estudio necesarios para aprender cómo amar a Lidia (y a otras personas) de la manera apropiada.

Establezcamos algunas metas: Que como esposos decidamos ser sabios y abrirnos a la corrección (Proverbios 9:8, 9). Que estemos dispuestos a prestar atención a las lecciones que hay en cada capítulo de este libro, por dolorosas o difíciles que sean, y con nuestro nuevo conocimiento nos comprometamos a edificar un matrimonio mejor. Una relación conyugal más satisfactoria no es algo que sucede por casualidad; sino que requiere un esfuerzo serio canalizado en la dirección apropiada. Los principios básicos presentados en cada capítulo, tomados de uno en uno, *corregirán* o *prevendrán* los escollos más graves a los que nos enfrentamos en el matrimonio.

Algunos comenzamos nuestra vida de casados con un conocimiento sumamente limitado acerca de cómo desarrollar una relación satisfactoria con nuestras esposas. Pero todavía hay esperanza. Con mucha enseñanza y paciencia de su parte, *podemos aprender*. Los hombres necesitamos hacer un inventario honrado para *estimar* dónde nos encontramos en nuestro matrimonio y ser capaces de *admitir* que quizás nos quede un largo camino por recorrer. Tu esposa puede ciertamente ayudarte con dicho inventario y sugerirte correcciones.

¿Cómo describirías a la esposa ideal?

Puedes imaginarte el sentimiento extático que experimentarías si tu esposa te hiciera voluntariamente la pregunta: "¿Cómo puedo llegar a ser una esposa mejor?" El honor que sentirías sería abrumador. Desde luego, resultaría absurdo esperar que este tipo de pregunta surgiera entre la mayoría de los esposos y esposas. Pero únicamente cierra los ojos por un momento, recuéstate en tu silla, e imagínate a tu esposa haciéndote tal pregunta. ¿Verdad que sería magnífico? Si quieres que tu esposa haga esto por ti, establece primero el ejemplo y trabaja para llegar a ser un mejor esposo. *Pregúntale cómo puedes mejorar como esposo.* De este modo le darás a ella nueva esperanza de conseguir el tipo de matrimonio que siempre quiso tener. Si tu esposa ve que eres sincero, con el tiempo se hará mucho más sensible a tus necesidades y deseos.

¿Quieres ser el tipo de esposo del cual las esposas se quejan más? Lo único que necesitas es una actitud arrogante de sabelotodo y una mala disposición para admitir tus errores. Había dos palabras que le producían tal aversión a cierta esposa, que expresaba: "Me enfermo interiormente, y me pregunto a mí misma: ¿Por qué me habré casado con este hombre? Vaya lío en que me he metido". ¿Cuáles eran esas dos palabras? *Nunca cambiaré.* Según las Escrituras, esa es una declaración muy necia (Proverbios 12:15; 18:2).

"Nunca cambiaré" —seguía repitiendo su esposo—; "así que no trates de cambiarme ni me digas dónde debo ser diferente. Si piensas que cambiar es tan importante, ¿por qué no cambias *tú* y me dejas en paz? ¡El cambio más grande que necesita nuestro matrimonio es que mantengas la boca cerrada!"

Ciertas esposas me dicen que admiran y honran a un esposo que reconoce sus errores; y especialmente si busca abiertamente el consejo de su esposa en cuanto a cómo mejorar. Yo creo que los hombres necesitamos *motivarnos a nosotros mismos* para llegar a estar más interesados en las ideas de nuestra esposa acerca de cómo podemos progresar (Proverbios 9:9); y luego, cuando hemos escuchado el consejo de ella, deberíamos observar las siguientes cosas:

Escucha lo que ella está realmente diciendo

En primer lugar, busca el significado que hay detrás de las declaraciones de tu esposa. Es más fácil evitar el reaccionar únicamente a sus palabras si tratas activamente de encontrar el sentido que yace tras ellas. ¿Le has dicho alguna vez a tu esposa: "No es verdad. No *siempre* hago eso. ¿No crees que estás exagerando?" Probablemente ella no quería decir *siempre,* como "todas las veces". Se trata sólo de su manera de recalcar un punto determinado. El esposo *sabio* mira más allá de la palabra ofensiva y expresa: "Dime cómo te sientes en este mismo momento. ¿Cuáles son algunos de tus pensamientos detrás de lo que acabas de decirme? Explícame por qué crees que tienes que emplear la palabra "siempre". Tranquilízala expresando que no necesita explicarte detalladamente las cosas en seguida; y pregúntale si le gustaría pensar acerca del asunto durante un día o dos. Un verdadero aprendiz no impone exigencias a otros, obligándoles a acomodarse a sus deseos impacientes de un modo inmediato; sino que les concede tiempo para sentir, pensar y cambiar sus palabras.

Muchos esposos han rehusado escuchar la corrección de sus esposas a causa de la irritación que les produce las palabras que ellas escogen. Pero las palabras no tienen ningún significado aparte de la interpretación que cada uno les dé; y al comunicarnos con nuestras esposas tenemos la responsabilidad de comprender sus *verdaderas* intenciones.

El tono de voz y las expresiones faciales de un esposo, revelarán si tiene el deseo sincero de aprender; y su esposa no será tan franca con él, si percibe que él no es realmente serio en cuanto a aprender y cambiar.

Deja que las palabras de tu esposa te calen

Permite que el consejo de tu esposa te cale como una buena lluvia primaveral. No respondas hasta que hayas aceptado profundamente lo que ella ha dicho. Norma me indicó durante años que yo fruncía el entrecejo cuando decía ciertas cosas a nuestros hijos; y que éstos pensaban que yo estaba airado con ellos y que los rechazaba. Según explicaba mi esposa, mi entrecejo arrugado les aterraba. "No lo frunzo ni estoy airado" —le dije. Pero cuando *tomé tiempo* para mirarme en el espejo, proferí: "Tienes razón; he de ocuparme de eso. Te agradezco que lo compartieras conmigo".

Toma responsabilidad por tus fallos

Cuando mis hijos eran muy pequeños, acostumbraba a darles un golpecito con el dedo en la frente o en los brazos si se portaban mal. Si uno de ellos estaba masticando comida con la boca abierta, alargaba mi brazo por encima de la mesa, le daba un golpecito con el dedo en la cabeza, y decía: "¡Ya basta!" Norma me ha hecho comprender que eso rebaja y hiere a nuestros niños. ¡Qué acción tan degradante! Y además de ello, debe doler —incluso me hace daño en *mi* dedo.

Muy dentro de mí, sabía que hacerles esto no estaba bien. Y algunas veces, en cuanto lo había hecho, Norma preguntaba: —¿Kari, cómo te hace sentir eso?

—Siempre me sienta mal cuando papá lo hace —replicaba Kari.

Finalmente, di con una manera de librarme de este hábito. Dije a cada uno de los niños: "Cada vez que te dé un golpecito con el dedo en la cabeza con ira o irritación, te pagaré un dólar" (pensé que aquello daría buen resultado, ya que no me gusta regalar dinero). Créeme, mis hijos son lo bastante despiertos como para no dejar escapar una; y ha pasado mucho tiempo desde la última vez que le di a alguno de ellos.

Con el tiempo, algunas veces uno puede hasta reírse con la otra persona acerca de algo que solía ser un problema. En cierta ocasión, mi hijo Greg entró en casa comiendo una barra de chocolate de aspecto delicioso que acababa de comprar. Le pedí que me diera un bocado— ¡Estaba riquísima! Entonces entraron Kari y Michael, los cuales también quisieron un mordisco. Pronto Greg deseó no haber desenvuelto nunca su dulce delante de nosotros. El pequeño Michael no pensaba que su hermano era demasiado generoso con las porciones que estaba repartiendo, así que decidió comprarse uno él mismo. Preguntó a Greg dónde lo había adquirido y cuánto costaba; y a continuación, con un deseo anhelante en sus ojos, dijo: "Papá, ¿me puedes dar un golpecito, por favor? Necesito un dólar".

Busca el perdón de tu esposa

Como dije antes, una mujer no se expondrá para que la hieran. Si has ofendido a tu esposa en el pasado, ella no estará ansiosa por compartir consejo o corrección en el presente. Busca su perdón para restablecer el espíritu de comunicación. La admiración y el respeto que ella te tiene será fortalecido y mantenido por tu buena disposición para admitir los errores que hayas cometido. Ya que el capítulo 5 trata del perdón, repásalo de vez en cuando si necesitas ayuda en esta área.

Recibe con gratitud el consejo de ella

¡Qué gran retribución la de un hombre agradecido! Menos regañinas, más admiración y dulzura por parte de su esposa. . . Cuando un hombre muestra agradecimiento genuino por la corrección de su esposa, ella se siente con mayor libertad para ser más tierna la próxima vez que le corrige. No hay necesidad de sermones si tienes a un oidor reconocido. Una mujer admira también más a su esposo cuando él está dispuesto a darle las gracias por su consejo o corrección (la única excepción es en el caso de que una esposa haya sido *profundamente* herida por su esposo; entonces necesita que éste le dé tiempo y tenga paciencia hasta que sea capaz de responderle con admiración y ternura. No dejes de intentarlo cuando te encuentras tan cerca del éxito).

Sigue buscando el significado que hay detrás de lo que dice tu esposa; deja que sus palabras te calen; y establece consecuencias para tus fallos. Cuando continúes dándole las gracias por ayudarte, empezarás a ver desarrollarse una relación más fuerte.

Aunque el ejemplo siguiente es la historia de un padre y su hijo, se puede aplicar igualmente a esposo y esposa. El padre de José fue irresponsable de muchas maneras durante la formativa infancia y la adolescencia de su hijo. Disciplinaba al chico con patadas, ridiculizándole, regañándole y abofeteándole. Como resultado, José apartó de él su espíritu, y por consiguiente también su pensamiento y sus emociones se retiraron. Más tarde se fue a vivir fuera de casa. Cuando expliqué a aquel padre cómo había quebrantado a su hijo en el pasado, él se dio cuenta de que no sólo había dañado el trato *entre ellos*, sino posiblemente también las futuras relaciones de José.

Ya que el padre de José quería recuperar a su hijo emocional, mental y físicamente, concertó una cita para verle. Aquello requirió mucho temple; pero el hombre admitió delante de José que había hecho mal y expresó que sentía no haber sido el tipo de padre que hubiera debido ser. Durante su confesión, mencionó todos los incidentes injuriosos que podía recordar.

También su hijo se acordaba de aquellos incidentes específicos. "Pero papá, eso no es todo" —dijo José. Y durante los pocos minutos siguientes, trajo a la memoria de su padre las demás cosas con las que le había herido. El hombre se quedó asombrado de que su hijo todavía recordara todo aquello con tanta claridad. Así hicieron borrón y cuenta nueva; y por primera vez José extendió los brazos para abrazar a su padre.

Cuando ofendes a tu esposa, ella se retira mental, emocional y físicamente; pero puedes aprender a atraerla hacia ti de nuevo. Sólo el ver tu buena disposición para aprender la animará a responder a medida que se afirma en el conocimiento de que quieres realmente cambiar.

Para meditación personal

1. ¿Cómo puede un esposo convertirse en un hombre sabio y aumentar el amor que le tiene a su esposa? Proverbios 9:8, 9.

2. ¿Cuáles son las consecuencias de no escuchar o de escuchar las represiones de Dios? Proverbios 1:22–33.

8. Si tu esposa no está protegida, te verás descuidado

"Porque nadie aborreció jamás a su propia carne, sino que la sustenta y la cuida, como también Cristo a la iglesia" (Efesios 5:29). (énfasis del autor)

Daniel y Juana llevaban más de veinte años casados, cuando un día él me llamó aterrado: "Juana me va a dejar por otro hombre" —expresó. Daniel estaba abrumado y perplejo—. "Gary, ¿hay algo que puedas hacer para ayudarme?"

El problema principal de Daniel fue fácil de detectar cuando nos encontramos para hablar. Déjame explicarte por qué perdió a su esposa utilizando su pasatiempo favorito como ejemplo.

Daniel era un jardinero ávido, meticuloso y entendido. Unos lozanos macizos de flores definían los bordes de su bien mantenido jardín, y árboles podados protegían a aquel delicado follaje del caliente sol del verano. Él sabía cuándo debía plantar cada variedad de flor para obtener la luz solar y el suelo apropiados. Ya que cada planta tenía necesidades especiales, había dedicado tiempo para investigar cuáles eran éstas con objeto de poder saber exactamente cuánto fertilizante y qué cantidad de otras substancias nutritivas precisaban. Los resultados eran magníficos. Pero mientras que su jardín resultaba un esplendor glorioso de armonía natural, su matrimonio se marchitaba por falta de atención. El hombre acometía su trabajo y otras actividades con el mismo entusiasmo que aplicaba a la jardinería, lo cual dejaba poco tiempo para Juana.

Daniel no tenía ni la menor idea de cuáles eran las necesidades de su esposa; y sabía muy poco acerca de cómo protegerla del "ardiente sol y del caluroso viento del verano". No sólo dejaba de protegerla, sino que la convencía mediante sus argumentos lógicos de que debía manejar ciertas responsabilidades familiares que según ella le resultaban demasiado pesadas. A lo largo de aquellos veinte años juntos, el no había escuchado sus innumerables ruegos para obtener tierna protección.

Juana, no sólo trabajaba a tiempo completo, sino que además era responsable de las finanzas del hogar, de hacer las comidas, de limpiar la casa, y de educar a los niños. La mujer se enfrentaba sola a muchas crisis mientras Daniel estaba pescando, cazando o cultivando sus ramilletes de flores. Este no podía reconocer la necesidad de Juana de tener a un hombre fuerte y tierno para apoyarla durante los tiempos de tensión —alguien que la protegiera de parte del "trabajo sucio" (todos necesitamos este tipo de protección a veces). Ella precisaba ser aceptada y amada como persona con sus propias limitaciones físicas especiales; y cuando Daniel le falló repetidamente, buscó en otro lugar.

Cuando un hombre no comprende las limitaciones de su esposa, o las pasa por alto considerándolas pereza, ello puede dar como resultado numerosos malentendidos. Por ejemplo, una mujer con varios niños pequeños puede estar completamente agotada física y mentalmente a las cinco de la tarde. Si su esposo no reconoce esto, quizás resentirá el que ella evite las relaciones sexuales a las diez o las once de la noche —cuando se encuentra verdaderamente demasiado cansada para ni siquiera pensar en tener una experiencia romántica con él.

Algunos esposos piensan que sus esposas se aprovecharán de ellos si son tiernos, amorosos y generosos. Raúl estaba dispuesto a arriesgar dinero para ver si su esposa era capaz de abusar de él. El día del cumpleaños de ésta, el hombre la llevó a un centro comercial y le dijo que le gustaría ayudarla a comprar algo de ropa; pero nunca mencionó el dinero que podía gastar. Dos horas y diez tiendas después —cuando empezaban a dolerle los pies—, Raúl se preguntaba si aquella salida de cumpleaños habría sido o no una buena idea.

—Raquel, ¿no te gusta este vestido? Creo que te iría bien.

—No, no me gusta.

Finalmente, después de vagar de un lado para otro entraron en una tienda bonita, donde Raquel encontró un juego de falda, chaqueta, blusa y pantalón que le gustaba lo bastante como para comprarlo. Aunque ya estaban empezando a sumar el dinero, Raúl dijo: —Raquel, mira esto; aquí hay un vestido rebajado (al llegar a este punto, una palabra de advertencia: las esposas se pueden ofender cuando sus esposos limitan su "poder adquisitivo" a los percheros de rebajas).

A Raquel le gustaba el vestido y se lo probó.

Luego, él le dijo: —¿Por qué no te lo compras?

—Raúl, no debería estar gastando más de tu dinero.

—Oh, no importa, cómpralo —respondió el hombre—. Me gusta. Oye Raquel, ¿qué te parece este otro?

—Esto está llegando a ser algo absurdo —protestó Raquel. Pero se lo probó al insistir Raúl.

Para entonces, él estaba comenzando a preguntarse si su esposa compraría cualquier vestido que le sugiriera.

—Raquel, me gusta éste.

—Raúl, no puedo comprarme otro vestido —dijo ella—. Esto es ridículo. No podemos permitirnos todas estas cosas.

—Bah, qué importa. Tú eres más valiosa que el dinero; y aunque tenga que trabajar horas extras, estoy contento de hacerlo —expresó presionándola realmente.

Ella respondió: —Me siento turbada; no puedo comprar otro vestido. Por favor, vamos a pagar éstos e ir a comer algo.

—Vamos Raquel, ¿no podrías comprar uno más por amor a mí? Sólo quiero que este sea un día muy especial para ti.

—Raúl, no me es posible —dijo ella.

—Muy bien, vamos a pagarlos. Quiero que estés contenta y satisfecha.

Hasta algún tiempo después, Raúl no admitió que sólo quería demostrar que una mujer bien tratada no se aprovecha. Luego, alabó a su esposa por su economía y precaución, sintiéndose orgulloso en cuanto a la buena disposición de ella para colaborar con él con objeto de obtener la seguridad financiera que ambos deseaban. Ahora nunca tiene miedo de que Raquel gaste demasiado; porque sabe que buscará el precio adecuado y la mejor compra. Esta experiencia le ha convencido asimismo de que su esposa tampoco se aprovechará de él en otras áreas de su vida conyugal.

Si has sido roñoso y crítico en cuanto a la manera que tiene tu esposa de usar el dinero, o si la relación entre ambos no es tan sólida como debería ser, te aconsejo que *no* hagas un experimento así hasta que tengan unos lazos más significativos. Pero si tu matrimonio es robusto, y tú y tu esposa no están tratando de resolver ningún conflicto importante, te animaría a que intentaras llevar a cabo dicho experimento para probarte a tí mismo que tu esposa no se aprovechará cuando se la trata tiernamente y con amor verdadero.

Cuando las Escrituras enseñan que un hombre ha de *estimar* a su esposa (Efesios 5:29), eso quiere decir principalmente que debe protegerla; especialmente en aquellas áreas que le producen inquietud emocional o física.

Tres formas de proteger a tu esposa y ayudarla a que llegue a sentirse más realizada

1. Averigua en qué área tu esposa necesita protección.

En primer lugar, un esposo necesita descubrir los terrenos en los cuales su esposa se siente vulnerable. Por medio de charlas y de observaciones informales de tu parte, puedes compilar listas mentales de aquellas áreas mayores y menores en las que ella experimenta frustración o temor. El conducir es una de esas áreas vulnerables de mi esposa. Ya que se vio implicada en un serio accidente automovilístico en el cual algunos buenos amigos resultaron muertos, es naturalmente muy cuidadosa en cuanto a cualquier posible peligro mientras está conduciendo o incluso montando en un auto. Si yo no le dejara la libertad de ser precavida, conociendo sus circunstancias pasadas, eso no haría sino que ella experimentara frustración. También se siente vulnerable cuando conduce sola largas distancias en el invierno; porque teme que el automóvil se averíe. Cuando vivíamos en Chicago, nuestro automóvil se averió dos veces y ella tuvo que aceptar ayuda de otros conductores que pasaban. Hubiera sido posible que alguien dañara tanto a Norma como a los niños, o que abusara de ellos. Ya que estoy consciente de su temor, no la obligo a que conduzca sola largos trayectos.

¿Qué me dices acerca de sus limitaciones físicas?

Muchas veces los hombres tratan a sus esposas de una manera demasiado brutal; y no se dan cuenta de que las limitaciones físicas de éstas no les permiten disfrutar de la rudeza aunque sea en plan juguetón.

Cierta esposa me dijo que a su esposo le gustaba forcejear con ella, y que no se daba cuenta de cuánto la había lastimado en el pasado. El hombre nunca le hizo daño intencionalmente; pero ella encontraba magulladuras en los brazos o en el cuerpo después de haber luchado en la alfombra. También era rudo con la mujer de otras maneras. Cierta noche por ejemplo, estaban en el supermercado y ella se entretuvo un poco en la sección de los libros. Su esposo la estaba esperando en el estacionamiento con una bolsa de comida para perros, y otros artículos. Cuando le alcanzó, el hombre dijo: "No me extraña que no te apresuraras a salir;

cómo se nota que no eres quien lleva todos los comestibles".

—Muy bien, te voy a ayudar —contestó ella. Y su esposo le tiró de un modo juguetón la bolsa de comida para perros, golpeándola en el estómago con tanta fuerza que le hizo perder la respiración. El viaje en auto hasta casa fue silencioso; y cuando entraban en su camino particular, el hombre expresó: "La razón de que estuviera callado no era que me encontraba enfadado contigo, sino conmigo mismo, por haberte hecho daño otra vez". El quería hacer un esfuerzo para cambiar su comportamiento, ya que se daba cuenta de que su esposa necesitaba que se la tratara con más ternura y cuidado.

¿Qué me dices en cuanto a las presiones económicas?

Un hombre debe también proteger a su esposa de la tensión económica innecesaria. Muchas esposas sobrellevan una cantidad tremenda de presiones debidas a la irresponsabilidad de sus esposos en cuanto a las finanzas. Para compensar los gastos excesivos, puede que un esposo obligue a su esposa a trabajar cuando ésta preferiría estar en casa con los niños. De hecho, algunos esposos hasta lo exigen, sintiendo que ella "debería hacer su parte". Si la mujer está en el hogar todo el tiempo, su esposo quizás espere de ella que maneje los pagos de recibos y lleve la contabilidad de la familia; porque se pregunta qué hace de todas formas durante todo el día. Tal vez el hombre piense: *Yo trabajo ocho horas diarias; lo menos que ella puede hacer es pagar las facturas.*

Si fuera sólo un asunto de llevar la contabilidad, no representaría ningún problema; pero cuando se trata de enfrentarse a cobradores airados, hacer juegos malabares con cifras que no cuadran en el talonario de cheques, luchar con las presiones crecientes resultantes de la insuficiencia de dinero, decidir qué cuenta se ha de pagar en primer lugar, y hacer llamadas telefónicas para apaciguar a las compañías, la carga *puede* llegar a ser física y emocionalmente demasiado grande para algunas esposas. Y el problema aumenta si el esposo parece divertirse mientras gasta dinero a sus anchas.

En nuestros primeros años de casados, yo cometí esta equivocación. Norma trabajaba en un banco; y como es lógico, deduje que cualquier persona que hiciera ese tipo de trabajo sería evidentemente capaz de hacerce cargo del dinero en casa. Ya que en aquel tiempo los asuntos económicos eran uno de mis puntos débiles, le pedí a ella que tomara dicha responsabilidad —lo cual hizo amablemente durante cuatro o cinco años. Sin embargo, un día, me vino a mí con lágrimas en los ojos, colocó las anotaciones, el talonario de cheques, y las facturas sobre mis rodillas, y dijo que sencillamente no podía más manejar aquello. Teníamos un libro de cheques cada uno, y solamente una cuenta corriente, ¿comprendes? Yo extendía un talón con la esperanza de que el dinero estaría en el banco. Aquello representaba una presión tremenda sobre mi esposa. Hoy estoy muy agradecido de que me pasara esa responsabilidad, ya que ello me hizo comprometerme más con el bienestar económico de nuestra familia.

¿Qué me dices en cuanto a esperar que siempre sea ella quien cocine?

Hay muchos hombres que tratan a sus esposas como objetos para ser usados. Aunque no lo expresan con palabras, mantienen la convicción interior de que las mujeres deberían quedarse en la cocina para hacer la comida o limpiar mientras ellos juegan al golf, van de caza o miran el partido en la televisión. ¿No te has dado nunca cuenta de que durante las reuniones con amigos o parientes se espera por lo general que sean las mujeres quienes trabajen en la cocina mientras los hombres sencillamente charlan? Se enseña a las niñitas a que velen por las necesidades especiales de un miembro varón de la familia. Por ejemplo, una madre dirá a su hija: "Ve a preguntarle a papá si quiere un vaso de té con hielo". Sin embargo, pocas veces vemos que se les pida a los niños hacer lo mismo.

Durante los primeros años de nuestra vida de casados, tuve un verdadero problema con el asunto de las responsabilidades de cada uno. Norma eɩa la responsable de cocinar, y yo de arreglar el automóvil. Por último, me di cuenta de que estaba bien que yo hiciera la comida y limpiara la casa —especialmente si Norma necesitaba descansar o estar algún tiempo sola apartada de todos nosotros. Los hombres hemos de examinar más de cerca nuestros papeles tradicionales y escoger aquello que esté mejor basado en el amor verdadero y en el compromiso de estimar a nuestras esposas.

Antes de esperar que tu esposa asuma responsabilidades *adicionales*, piensa en las limitaciones especiales que ella tiene. Tal previsión evitará que haya tensión extraordinaria en tu relación conyugal y protegerá la vida mental, espiritual, emocional y física de tu esposa.

¿Qué me dices de la necesidad que ella tiene de descansar?

¿Cuál es la razón de que algunos hombres piensen que sus esposas necesitan dormir menos que ellos? Mientras el esposo duerme, la esposa prepara el desayuno y cuida de los niños. Esto es indudablemente cierto cuando haya bebés en la familia. Durante nuestros primeros años de casados, cuando mis hijos lloraban durante la noche, yo esperaba automáticamente que mi esposa se levantara y los atendiera. Y así lo hacía. Nunca me sentí constreñido a salir de la cama y ocuparme de ellos. Sé tierno y está atento a sus necesidades físicas. Sé el líder en cuanto a dar cualquier paso preciso para asegurarte de que tu esposa tenga el descanso que necesita.

¿Qué me dices acerca de la presión que suponen los niños?

Mi esposa me ha dicho con frecuencia cuánto aprecia las veces que me hago cargo de los niños al volver a casa del trabajo. Los quito de en medio para que ella pueda acabar de hacer la cena tranquilamente. También se siente agradecida por el tiempo para estar a solas. Le gusta que yo los saque a jugar, los lleve a otra habitación para leer, o simplemente hable con ellos acerca de cualquier tema que escojan. A menudo, después de comer, los niños y yo recogemos la mesa y fregamos los platos para dejar que Norma tenga algo de tiempo libre; y en vez de resentir que necesite de mi ayuda como antes, ahora espero con impaciencia a echarle una mano siempre que puedo.

Las ideas consideradas y originales por tu parte, tienen mucho más valor que el tiempo o la energía que cuestan. Estas fortalecen tu matrimonio y levantan el ánimo de tu esposa.

Cierta noche, Luis hizo que Alicia se estremeciera de emoción cuando pidió a ésta que le dejara hacer la cena, poner la mesa y dar de comer a los niños; también le dijo que tenía un regalo para ella si le permitía hacer esas cosas: una botella de aceite de baño. Mientras su esposa tomaba un baño de placer, él se hizo cargo de las tareas domésticas. Sólo se trataba de un obsequio pequeño, que únicamente tomó un poco de tiempo; pero para ella significó que su esposo se preocupaba lo bastante como para dar algo extra de sí mismo.

¿Qué me dices de la tensión adicional de cambiar de lugar de residencia?

El trasladarse de una ciudad a otra es un paso de mayor importancia para una mujer, y requiere que su esposo sea especialmente sensible a las limitaciones que ella tiene. Muchas veces, la resistencia emocional y física de las mujeres se agota sólo con la rutina cotidiana; y una mudanza, evidentemente, añade tensión emocional suplementaria —aun cuando se recibe con agrado.

¿Qué es lo que le puede causar a ella mayor tensión?

Los esposos necesitamos estar conscientes de la cantidad de tensión a la que nuestras esposas se enfrentan a diario. Para ayudar a tu esposa con las presiones, debes en primer lugar conocer cuáles son las situaciones que le producen a ella más intensidad; y para asistirle en eso, hemos incluido una lista extraída del *Holmes-Rahe Stress Test* (Prueba de Tensión Holmes-Rahe) que clasifica cosas en una escala de mayor a menor grado de tensión. Cuanto más arriba se encuentra algo en dicha lista, tanto más tensión produce. Comprueba la cantidad de tensión a la que se están enfrentando hoy tú y tu esposa. (Véase la Prueba de Tensión Holmes-Rahe en la página 114.)

Si tu puntuación es de 150 o menos, hay un 33 por ciento de posibilidades de que dentro de dos años te encuentres en el hospital; si es de 150 a 300, dichas posibilidades son de un 51 por ciento; y para 300 puntos y más, del 80 por ciento. Propónte proteger a tu esposa en todas aquellas áreas en las que se siente temerosa o vulnerable. Esta es la forma más importante de mostrarle cuánto la *estimas*.

2. Descubre cómo tu esposa desea realizarse.

Otra manera de estimar a tu esposa es ayudándola a realizarse como persona; y esto lo puedes hacer averiguando cuáles son sus metas principales en la vida y asistiéndola para que las alcance si es posible. A todos nos gusta saber que alguien nos está alentando, y que hay otros que aplauden cuando alcanzamos un objetivo. Si su esposo toma tiempo para ayudarla a conseguir una meta personal, una mujer se siente digna y valiosa.

De vez en cuando, mi esposa y yo salimos juntos, tomamos el desayuno fuera, o únicamente nos retiramos de casa. Durante esos momentos hacemos una lista de nuestros objetivos personales, y nos comprometemos a ayudarnos el uno al otro para cumplirlos. Este libro es el resultado de un objetivo que mi esposa y yo queríamos realizar juntos; y ya que ella se sentía tan entusiasmada con el asunto como yo mismo, supe que estaba dispuesta a que me apartara de la familia durante varias semanas para trabajar con objeto de alcanzar nuestra meta.

Me siento tan satisfecho sabiendo que mi esposa está lo bastante comprometida como para sacrificarse por mis metas, que me emociono cuando pienso en ayudarla con las suyas; y ya que sé que desea mantener su salud física lo mejor posible, decidimos que debía tomar clases de ejercicios. Para velar que tenga la oportunidad de hacer ejercicio regu-

Prueba de Tensión Holmes-Rahe

¿Cuáles de éstas te han pasado durante los últimos doce meses?

SUCESO	PUNTUACION
Muerte del cónyuge	100 ____
Divorcio	73 ____
Separación matrimonial	65 ____
Cumplimiento de condena en prisión	63 ____
Muerte de un miembro cercano de la familia	63 ____
Lesión o enfermedad personal	53 ____
Boda	50 ____
Despido del trabajo	47 ____
Reconciliación matrimonial	45 ____
Jubilación	45 ____
Cambio en el estado de salud de un miembro de la familia	44 ____
Embarazo	40 ____
Dificultades sexuales	39 ____
Aumento de la familia	39 ____
Reajustes en los negocios	39 ____
Cambio en la situación económica	38 ____
Muerte de un amigo íntimo	37 ____
Cambio en el número de discusiones conyugales	35 ____
Hipoteca o préstamo de una cantidad de dinero alta	31 ____
Pérdida del derecho a redimir la hipoteca o del préstamo	30 ____
Cambio en sus responsabilidades laborales	29 ____
Partida del hogar del hijo o la hija	29 ____
Problemas con la familia del cónyuge	29 ____
Un logro personal notable	28 ____
El cónyuge comienza a trabajar	26 ____
Comienzo o terminación de estudios	26 ____
Cambio en las condiciones de vida	25 ____
Revisión de hábitos personales	24 ____
Problemas con el jefe	23 ____
Cambio en el horario o las condiciones laborales	20 ____
Cambio de residencia	20 ____
Cambio de escuela	20 ____
Cambio en los hábitos recreativos	19 ____
Cambio en las actividades de la iglesia	19 ____
Cambio en las actividades sociales	18 ____
Hipoteca o préstamo por una cantidad de dinero razonable	18 ____
Cambio en los hábitos de dormir	16 ____
Cambio en el número de reuniones familiares	15 ____
Cambio en los hábitos de comer	15 ____
Vacaciones	12 ____
Tiempo de Navidad	13 ____
Violación menor de la ley	11 ____
TOTAL	____

larmente, me alegra quedarme con los niños algunas veces con objeto de que ella pueda lograr su meta personal de estar en buena salud.

Siéntate con tu esposa y pídele que nombre algunas de sus metas. Quizás querrá acabar la carrera, ascender en su profesión, estudiar oratoria, aprender a coser, o cocinar algunos nuevos platos exóticos. Puede que dichas metas cambien a medida que ella descubre las presiones reales que implican o los motivos que la impulsan a querer alcanzarlas. Quizás diga que quiere volver a estudiar, cuando lo que en realidad desea es un par de días por semana lejos de los niños. Al aliviarla algo de la presión, tal vez estarás ayudando a canalizar sus energías en la dirección debida; y asistiéndola para que alcance sus objetivos personales *reales*. Creo que tenemos la responsabilidad de descubrir cuáles son las metas de nuestras esposas y comprender cómo quieren realizarse como mujeres. Luego debemos dejar que sean quienes desean ser y respetar así sus ambiciones particulares.

3. **Descubre los problemas personales que tu esposa quiere resolver.**

A mi esposa le gustaría compartir con otras mujeres cómo pueden realizarse en el hogar sin tener un trabajo fuera de casa. Por desgracia, durante los primeros años de nuestro matrimonio ella llegó a hacerse tímida hablando delante de grupos debido a otra de mis irresponsabilidades. Yo solía corregir su gramática o darle sugerencias acerca de cómo mejorar sus métodos de enseñanza. Siempre que la oía compartir en público, le llamaba la atención acerca de cualquier cosa que pensaba que era menos que perfecta. Poco sabía yo que la naturaleza de mi esposa era tan sensible que por último dejó de hablar delante de grupos a causa de mis críticas. Fueron necesarios cinco años de alabanza y ánimo por mi parte para curar las heridas que irreflexivamente le había infligido. Ahora habla cada vez más en público, pero todavía se pone bastante nerviosa cuando yo me encuentro entre el auditorio.

¿Alguna vez por la mañana te ha dicho enfáticamente tu esposa que va a perder peso. . . y esa misma tarde se ha puesto a comer buñuelos? La manera en que puede perjudicarla, es recordándole su compromiso de aquella mañana temprano. Sin embargo, te es posible consolarla no diciéndole nada en absoluto o poniéndole tu brazo alrededor y diciéndole: "Te quiero por lo que eres, no por lo que decides hacer". Probablemente ya se siente bastante decepcionada en cuanto a su falta de fuerza de voluntad. El saber que se la ama *como es*, estimulará su confianza en sí misma y fortalecerá su voluntad.

En resumen, a una mujer le gusta construir relaciones duraderas con un hombre que se preocupa lo suficiente por ella como para dejarle que se apoye en él cuando necesita consuelo; y precisa un esposo que comprenda sus miedos y limitaciones de tal manera que pueda protegerla. Ella se siente importante cuando su esposo se levanta y la defiende en presencia de alguien que la está criticando.

Cada persona es distinta, y la única manera en que puedes determinar con precisión las necesidades de tu esposa, es discutiéndolas con ella. Quizás quieras hacerle algunas preguntas para ver si siente que eres suficientemente protector o de ayuda en las siguientes áreas:

Las finanzas familiares
La educación de los niños
Las necesidades y las responsabilidades de la familia
El futuro (póliza de seguro, testamento)
Su propio empleo y la gente con quien ella trabaja
Sus propios amigos y parientes

También deberías esforzarte por descubrir de qué manera le gustaría a ella realizarse como persona. Pídele que te exponga dos o tres metas que siempre haya querido alcanzar; y luego vuelvan a evaluar juntos los objetivos de ambos cada año.

Para meditación personal

1. Define claramente la palabra "estimar" como se usa en Efesios 5:29. Pídele ayuda a tu pastor o consulta un comentario bíblico.
2. ¿Cómo estimula Pablo a los cristianos a que se traten el uno al otro? ¿Cómo tratas a tu esposa? 1 Tesalonicenses 5:11, 14.

9. Disputas: hay una forma mejor

"Por esto dejará el hombre a su padre y a su madre, y se unirá a su mujer, y los dos serán una sola carne" (Efesios 5:31). (énfasis del autor).

Un simple acuerdo puede eliminar las discusiones acaloradas entre ti y tu esposa. ¡No, no se trata del divorcio!

Se trata de un acuerdo que aumentará el tiempo que tú y tu esposa pasan hablando de las áreas importantes *sin* la consabida rutina de enfado y silencio y que también desarrollará el respeto de tu esposa por sí misma.

Cuando mi esposa y yo tropezamos con este principio durante una discusión un 4 de julio[1] hace algún tiempo atrás, las mechas de ambos se estaban quedando cortas y el espectáculo de los fuegos artificiales era aburrido en comparación. Yo quería ir de vacaciones a Colorado en julio; ella a Florida en agosto. Ya que tampoco nos poníamos de acuerdo en cuanto a tener vacaciones por separado, la discusión se fue haciendo más y más acalorada y sin que hubiera a la vista ningún fin para la misma. Luego, hirviendo de furia, comparé su actitud a la de algunas de las mujeres solteras más sumisas de la oficina.

—No tienes una actitud serena —dije—; y además, estás equivocada.

—Nunca he conocido a esa "mujer serena" de la que hablas —replicó ella airadamente—. Si me puedes mostrar una sola, quizás considere la posibilidad de seguir su ejemplo.

Al llegar a aquel punto, me vino la idea genial que nos ha ayudado a evitar las discusiones acaloradas durante años. Le pregunté a Norma si estaría dispuesta a abandonar la conversación e intentar un experimento únicamente durante dos meses. Si daba resultado lo utilizaríamos; si no, buscaríamos otra solución.

---

[1] Día de la Independencia de los Estados Unidos. (N. del T.)

117

—Tú no harás decisiones en el hogar que nos afecten a mí y al resto de la familia sin que yo esté completamente conforme; y yo no tomaré ninguna que te involucre a ti a menos que tenga tu consentimiento total.

No sabía si el experimento daría buenos resultados o no; pero sí que estaba cansado de disputas y discusiones vanas que no terminaban sino en lágrimas y silencio airado. Ya que yo trabajaba para una organización que enseñaba la armonía familiar, quería desesperadamente llevarla a cabo en mi propio hogar (¿verdad que has oído el dicho "en casa del herrero, cuchillo de palo"?).

Muchas cosas tenían que cambiar si habíamos de estar de acuerdo. Necesitábamos razonar juntos durante períodos de tiempo más largos. También estábamos obligados a averiguar las razones que yacían detrás de los comentarios del uno y del otro. Yo tenía que buscar el significado que había tras las palabras de Norma y comprender su marco de referencia si esperaba convencerla de mi punto de vista. Varias de nuestras primeras discusiones terminaron con un consenso de que ya que no podíamos estar de acuerdo, esperaríamos. Pero, por asombroso que parezca, muchos "problemas" parecían resolverse por sí solos —o por lo menos su importancia parecía disminuir a medida que pasaban los días.

No obstante el éxito de nuestra idea, yo violé la misma pasados dos meses. Al oír una disputa que iba en aumento entre Kari y Greg, quienes estaban sentados a la mesa de la cocina, entré apresuradamente para arbitrar justo en el momento en que Greg empujaba su plato lleno por encima de la mesa derramándolo sobre Kari. Me hallaba a punto de llevarme al chico para administrarle un poco de disciplina, cuando Norma dijo que no estaba de acuerdo en que lo hiciera.

—Bueno —expresé deteniéndome allí mismo—, nuestro experimento no se aplica a todas las situaciones. No puedo abandonar mi responsabilidad como padre de Greg sólo porque tú no estés de acuerdo. Lo siento; esta vez tengo que decidir en contra de ti.

Después de que Greg y yo tuviéramos nuestra "pequeña charla", Norma me recibió fríamente en la cocina.

—Norma —le expliqué—, tenía que hacer lo que pensaba que era apropiado. Me gustaría que pudiéramos estar de acuerdo en cada situación, pero eso no es práctico.

—No pienso que tomaste el tiempo necesario para averiguar los hechos —respondió ella.

—Vi todo lo que necesitaba saber.

Sin embargo, tenía que admitir que no estaba al corriente de lo que

Kari había hecho para provocar a Greg. Norma le había dicho a la niña que le hiciera unos emparedados a su hermano. Para empezar, probablemente Kari no tenía ganas de preparárselos; así que cuando el chico no los quiso, ella trató de imponérselos.

—Mamá me ha dicho que te hiciera emparedados así que ahora te los vas a comer —dijo Kari.

—Tú no me mandas —replicó Greg—; no tengo por qué comérmelos —y para dejar aquello bien claro, apartó los emparedados de un empujón. Pero la mesa estaba más resbaladiza de lo que él había pensado y los sandwiches se deslizaron cayendo en las rodillas de Kari.

Reconocí delante de Greg que había cometido un error y le pedí perdón. Ahora, para que tales errores no ocurran, celebramos una "audiencia" en nuestra familia. Cada persona puede hacer pasar a todos los testigos que quiera para apoyar su relato, y obtener todo el consejo legal que necesite dentro del hogar. Una vez que se han presentado todos los hechos, la familia decide quién es culpable.

Cuando Norma y yo no hemos estado de acuerdo acerca de algo que afectaba a la familia, me he quedado asombrado de la cantidad de veces que su decisión ha sido acertada. No estoy seguro de si tiene una línea telefónica directa con el cielo o qué, pero de algún modo ella puede sentir cuando algo no va bien. El comprometernos a estar de acuerdo ha traído más armonía y una comunicación más profunda a nuestra relación que cualquier otra cosa que practiquemos. Ello ha aumentado el sentido de valor personal de mi esposa y eliminado las discusiones cargadas de tensión.

El desacuerdo constante no puede sino debilitar la relación matrimonial. Probablemente esa es la razón por la que Pablo hacía hincapié en que los creyentes tuvieran un mismo espíritu y una misma mente; y comparaba la lucha por la unidad a un atleta que *se esfuerza* por alcanzar la meta (Filipenses 1:27).[2] Del mismo modo, los esposos y las esposas podemos aprender a lograr la unanimidad o el acuerdo. El resto de este capítulo discute las consecuencias específicas de no estar de acuerdo en las decisiones que afectan a la familia, y las maneras de aplicar el principio del "acuerdo" en tu hogar.

Lo que sucede cuando haces todas las decisiones

Cuando se deja a la esposa fuera del proceso de hacer decisiones, ella se siente insegura —especialmente si dichas decisiones tienen que ver

---

[2]En castellano (Reina-Valera, 1960), "combatiendo". (N. del T.)

con la seguridad económica o las condiciones de vida—; y su estado de inseguridad constante se extiende como una enfermedad y produce inestabilidad en otras áreas del matrimonio.

Pedro y Rut habían estado luchando con objeto de ganar el dinero suficiente para poner comida en la mesa. El pequeño negocio del hombre demandaba de él que trabajara dieciocho horas diarias, y ella contribuía por lo menos con ocho horas al día en la oficina —a pesar de estar embarazada de siete meses. Pedro viajó al este para dar a conocer sus ideas empresariales a un multimillonario, quien quedó impresionado con aquellas y le hizo una oferta generosa; la cual él acepto en menos de cinco minutos. Era el único curso de acción "razonable" que podía tomar.

Apenas podía Pedro esperar para llamar a Rut y comunicarle las magníficas noticias en orden "lógico" de manera que ella pudiera entusiasmarse tanto como él. Luego le dijo por teléfono: —En primer lugar, no tendrás que trabajar nunca más. Segundo: Me va a dar el 20 por ciento de los beneficios —dice que seré millonario en un año. Tercero: No podrás creer lo bonito que es esto, y él pagará todos los gastos de la mudanza. . .

Pedro se quedó aturdido al oír un llanto incontrolable al otro lado de la línea. Al principio pensó que su esposa estaría llorando de gozo (ya sé que es difícil de creer, pero verdaderamente lo pensó).

Tan pronto como Rut recobró el aliento, tuvo la oportunidad de hacer algunas preguntas que él consideró totalmente ridículas (de hecho pensó que había perdido la cabeza). Dichas preguntas eran algo así: "¿Y qué pasará con nuestros padres?" "¿Y qué de nuestro apartamento? Acabo de terminar la habitación del bebé". A la tercera pregunta, Pedro, con toda su "sensibilidad" masculina, acabó abruptamente la llamada telefónica —ella tuvo la desfachatez de preguntarle si se había olvidado de que estaba embarazada de siete meses.

Después de darle una o dos horas para que se recuperara, la volvió a llamar. Rut había recobrado la calma y accedió a trasladarse al este del país. Dejó a sus padres, sus amigos, su médico y sus clases para el parto; así como el cuarto para su primer hijo que tanto tiempo le había llevado preparar. A ella le costó casi ocho meses adaptarse al cambio al cual Pedro se había ajustado en unos minutos. El nunca consiguió su millón; porque el negocio fracasó ocho días antes de que naciera su bebé —así que se mudaron de nuevo. Con el tiempo, él aprendió la lección; y hoy no hace ningún cambio importante sin que Rut esté totalmente de acuerdo. También trata de dar a su esposa tiempo suficiente para que se ajuste a otros cambios, los cuales le comunica tan pronto como puede preverlos. Sin embargo, Pedro nunca olvidará los amorosos sacrificios que ella ha hecho tantas veces; y ahora comprende incluso que preguntas tales como: "¿Y qué pasará con nuestros padres?" o "¿Y qué me dices del cuarto del bebé?" Pueden tener más significado que el dinero.

Los esposos pueden asimismo hacer que sus esposas se sientan estúpidas, inadecuadas o miembros innecesarios de la familia, cuando toman solos la mayor parte de las decisiones. Muchos esposos tratan a sus cónyuges como si éstas no supieran nada en absoluto; y cuando surge una decisión relacionada con el terreno en el que ellas son expertas o con los asuntos financieros, pueden con igual razón olvidarse de participar en lo que a ellas respecta.

José tuvo que perder dinero antes de que pudiera llegar a respetar el criterio de su esposa. El hombre consideró un cierto número de maneras de invertir algunos de sus ingresos: desde apartamentos, pasando por bienes raíces, hasta en la bolsa de valores. Después de hablar con urbanizadores y de leer algunos libros, decidió comprar cierto terreno enfrente de un lago en una comunidad para retirados. José razonaba, que si compraba la tierra durante las primeras etapas del desarrollo de la zona, valdría bastante dinero después de cinco o diez años. Cuando Linda se enteró de sus planes, mostró indecisión con respecto a que invirtieran el dinero.

Pero José pensó: *"De todas formas, ¿qué va a saber ella?"*; así que firmó el contrato a pesar de las objeciones de su esposa.

Algún tiempo después, cuando quiso vender la tierra para obtener dinero rápidamente con objeto de invertirlo en un proyecto mejor, se encontró con que no se la compraban fácilmente. Probablemente, José y Linda todavía tendrán ese terreno cuando estén listos para retirarse. Si José hubiera consultado a su esposa, no sólo se habría ahorrado mucho dinero, sino que hubiera podido dar impulso al amor propio de ésta. Después de todo, ¿qué hay de malo en llegar a ser "una sola carne" con nuestros cónyuges? ¡Ese es el plan de Dios!

Los esposos haríamos bien en recordar que cada persona tiene un grado diferente de tolerancia a la tensión. Cuando pasas por alto a tu esposa haciendo decisiones, añades presión a cada área de la vida de ella. Y como ya he dicho antes, la tensión indudablemente se cobrará su víctima desgastando la salud física de tu esposa.

Al igual que en tantas otras áreas de mi matrimonio, tuve que descubrir esto de la manera más dura. Como mencioné anteriormente, cuando mi responsabilidad en el trabajo demandó que viajara mucho, no pregunté a Norma si podía manejar a tres niños sola; sino que di por sentado que sí podía. A consecuencia de aquella presión extra, me vino a mí al borde de un colapso físico. Yo tuve que tomar una posición de menos responsabilidad dentro de mi compañía, pero aprendí la importancia de cuidar de mi familia. Los míos me proporcionan mucha más alegría y satisfacción que ningún trabajo; y hoy disfruto más de mi ocupación porque mi familia está siempre a mi lado. Cuando un hombre aprende a gozar de su familia por encima de toda otra cosa, tanto sus actividades como sus amigos cobran también un significado aún mayor.

Miro al pasado con pesar cuando pienso en incidentes como el siguiente: Norma y los niños fueron a recogerme al trabajo a las cinco de la tarde para ir juntos a comer hamburguesas; y justamente cuando llegaban, me llamaron a una reunión de última hora. Expliqué a mi esposa que me reuniría con ella en unos minutos; pero en lugar de aquello, la conferencia duró dos horas. No obstante, no pedí disculpas; estaba airado porque ella no había esperado amorosa y pacientemente en el automóvil apaciguando a nuestros tres hijos hambrientos.

¡Si tan sólo pudiera vivir de nuevo aquella experiencia! Entonces diría: "Querida, acaban de llamarme a una reunión imprevista. ¿Te gustaría volver a casa a esperarme allí y dar de comer a los niños? Luego, tú y yo podemos cenar más tarde". O les explicaría a mis asociados que tenía un compromiso previo con mi familia. Enfrentémonos al hecho: por lo general no se lleva mucho a cabo en las reuniones celebradas tan tarde (y también las esposas de tus colegas podrían beneficiarse de ello).

Por último diremos, que las discusiones son probablemente el efecto secundario más corriente de las decisiones dominadas por el varón. Cuando la ira afila la lengua convirtiéndola en un arma terrible, el esposo y la esposa pueden terminar una discusión atacando el uno el carácter del otro; y las palabras habladas durante el acaloramiento de una disputa algunas veces nunca se olvidan. Mi esposa puede todavía recordar cosas feas que le dije cuando salíamos juntos antes de casarnos.

Si una mujer se siente amenazada durante cierta discusión, puede airarse y exigir salirse con la suya; y cuando su esposo no comprende que ella está actuando de esa manera porque él ha amenazado su seguridad, el hombre quizás piense que es su propio ego quien está siendo atacado o que se está poniendo en tela de juicio su liderazgo. De suceder así, ambos proseguirán el asunto como perros salvajes que luchan por ser el jefe de la manada. Sin embargo, en vez de eso, cada uno debería entrar en el mundo del otro para alcanzar una comprensión mutua.

Supongamos que un esposo que está teniendo dificultades con su esposa se presenta con la idea de que los dos tomen una corta vacación por unos pocos días para mejorar su relación, dejando a los niños con la abuela. Quizás su esposa diga: "Me estás presionando". Entonces, él se siente abofeteado verbalmente. En realidad no estaba tratando de presionarla; es más, no ve ninguna *razón* lógica por la cual ella debería pensar así. Los temperamentos se inflaman, y comienza la discusión número 1.241. ¿Pero quién cuenta? La cuestión es: Si una mujer dice que se siente presionada, acepta su palabra: *¡Ella se siente presionada!* Trata de entrar en su mundo para descubrir por qué tiene tal sentimiento. Si tu idea le ha hecho de alguna manera expresar que se *siente* presionada, entonces, *está* presionada.

Intenta decir algo como: "Querida, gracias por expresar cómo te sientes en cuanto a la vacación. No pretendía hacerte tener tales sentimientos, pero sin duda lo puedo entender. Voy a dar marcha atrás respecto a la misma y quizás podamos pensar en alguna otra cosa que satisfaga las necesidades de ambos".

El cuadro de más abajo nos da un ejemplo de cómo eliminar las discusiones banales antes de que se conviertan en explosiones serias.

Si ella dice...	Respuesta típica de un esposo	En vez de ello intenta esto otro...
"Me estás presionando".	"No te estoy presionando. Sólo quería hacer algo para poder estar los dos juntos. No me acuses de eso".	"Querida, desde luego puedo comprender que te sientas presionada. Si crees que lo que digo es la causa de dicha presión, sin duda me es posible aceptarlo. No es esa mi intención, pero puedo entender que te sientas así. ¿Eres capaz de compartir en este momento algunas de las razones por las que te sientes presionada?"
"Odio la playa. No quiero ir".[3]	"Antes de casarnos te gustaba la playa".	"Ya sé que debiera saber el por qué no quieres ir a la playa, pero ¿no podrías decirme sólo por una vez más algunas de las causas?"

---

[3] Puede que ella tenga varias razones para decir esto, y una quizás sea que se avergüenza de su físico. En ese caso, el esposo ha de ser tierno, comprensivo y benévolo. Recuerda que algunas mujeres no se encuentran tan relajadas en un traje de baño como pueda sentirse un hombre.

"No, no quiero ir al partido de béisbol contigo. Detesto esos partidos".

"Yo trato de hacer cosas contigo. Lo menos que podías hacer es ir conmigo de vez en cuando y respaldarme en algo que a mí me gusta".

"Querida, ¿es acaso una de las razones por las cuales no te gusta ir el que te hago poco caso cuando estoy en un partido de béisbol?"[4]

Cómo hacer decisiones juntos

Cuando hayas encontrado un método que da buenos resultados, no lo abandones. Cada vez que mi esposa y yo tomamos atajos, nos metemos en líos.

Después de una rápida discusión en cuanto a trasladarnos a vivir al campo, dimos con la casa de nuestros sueños; por lo tanto, escribí un anuncio para el periódico con objeto de vender la vivienda que teníamos y compré carteles de "Se vende" para poner en el jardín delantero de la misma. Más tarde, cierto vecino del otro lado de la calle, vino a verme para preguntar cuánto pedía por nuestra casa. Cuando le dije el precio, él expresó que era demasiado bajo, y que podía reducir el valor de venta de otras casas del vecindario.

Una vaga inquietud me empezó a correr; y ya que Norma y yo no habíamos hablado de todos los detalles del cambio de casa que se aproximaba, traté de llamarla por teléfono pero no pude comunicarme con ella. Luego cancelé el anuncio en el periódico y arranqué los carteles que había clavado en el césped. Cuando por último Norma llegó a casa, rellenamos el cuadro que utilizamos por lo general en los momentos en los cuales tenemos que hacer decisiones importantes y, después de pesar las ventajas y desventajas, decidimos que no era una buena idea el que vendiéramos nuestra casa entonces.

---

[4]Si contesta sí a esa pregunta, pídele que te dé otras razones por las cuales se resiste a ir a un partido (recuerda que si reaccionas de un modo negativo a sus razones, tu esposa se sentirá menos dispuesta a compartir contigo sus verdaderos sentimientos en el futuro). Quizás necesites darle un respiro y volver sobre el asunto en otra ocasión. Si ella responde no, pídele que te explique por qué de una manera tierna y con un verdadero deseo de comprenderla y de valorar su opinión.

El cuadro sencillo que empleamos nos ayuda a llegar a un acuerdo total acerca de decisiones importantes. En primer lugar, hacemos una lista de todas las razones —el pro y el contra— que tenemos para llevar algo a cabo. Segundo: Enumeramos todas las razones —pro y contra— para *no* hacer la decisión. Tercero: Evaluamos cada razón. ¿Tendrá dicha decisión efectos duraderos? ¿Es la razón egoísta, o ayudará a otros? Finalmente sumamos el pro y el contra y vemos cuál gana, no *quién* gana. Aunque quizás pienses que tienes en mente todas las razones que necesitas para decidir, el verlas clasificadas en blanco y negro simplifica y perfila la decisión.

Ese cuadro de pro y contra nos obliga como matrimonio a considerar la mayor cantidad de hechos posible. Por ejemplo, si estoy aconsejando a alguien, me doy cuenta de que generalmente no puedo ayudar a la persona hasta que conozco muchos detalles de su situación única. Cuantos menos datos tengo, tanto más confusas parecen las circunstancias. Pero cuantos más hechos conozco, tanto más claro es el cuadro y tanto más fácil la solución. Si le pido a una persona que escriba todos los hechos en un pedazo de papel, muchas veces, él o ella da por sí mismo(a) con la respuesta.

Déjame mostrarte un ejemplo de cómo utilizamos el cuadro en mi familia.

Una decisión importante: ¿Debería cambiar de trabajo?

Este paso llevaría consigo un traslado de 1.600 kilómetros e implicaría una disminución en mi sueldo.

1. Haz una lista de todas las razones —el pro y el contra— para que yo cambiara de trabajo y me trasladara con mi familia a 1.600 kilómetros de distancia (sólo pongo unas pocas de las que utilizamos en aquel caso, a modo de ilustración).

Si nos mudamos

Lo que ganaremos (pro)	*Lo que perderemos (contra)*
1. Podremos criar a nuestra familia en una ciudad más pequeña.	1. Experimentaremos una reducción en el sueldo. ¿Nos podríamos ajustar a ello?
2. Ganaremos una oportunidad mayor para ayudar a familias en una forma concentrada.	2. ¿Queremos de veras vivir en un lugar pequeño y perder todas las comodidades de una ciudad
3. Adonde nos vamos a trasladar	

hay muchos más lugares para acampar, y el clima es más templado durante todo el año.

4. Dos de nuestros mejores amigos viven en esa ciudad.

grande con sus buenos centros comerciales?

3. Tendríamos que separarnos de nuestros amigos a quienes tanto queremos.

4. ¿Tenemos medios para comprarnos una casa?

5. No hay cerca ningún aeropuerto principal para viajar cómodamente a los lugares donde llevo a cabo mis Talleres sobre la Familia.

2. Haz una lista de todas las razones —el pro y el contra— para *no* trasladar mi familia a un nuevo lugar y cambiar de trabajo.

Si nos quedamos

Lo que ganaremos (pro)

1. Mantendremos el sueldo actual.
2. Nuestros hijos serán educados en una escuela privada.
3. Continuaremos utilizando todas las tiendas y almacenes que conocemos tan bien.
4. Seguiremos con todos los contactos que tenemos para comprar diversos artículos con descuento.

Lo que perderemos (contra)

1. Perderemos nuestra oportunidad para ayudar a familias de una manera personal y constante.
2. Perderemos la ocasión de que nuestros hijos vivan en un clima más cálido y con más oportunidades para tomar parte en deportes y otras actividades.
3. Perderemos nuestra oportunidad para hacernos miembros de una iglesia a la que nos gusta de veras asistir juntos como familia.
4. Perderemos la ocasión de trabajar juntos, como esposo y esposa, para alcanzar las metas de nuestra vida.

Es importante hacer una lista de las razones que hay para *realizar* algo y para *no llevarlo a cabo*. Ello nos obliga a pensar en diferentes aspectos de ambos puntos de vista.

3. Evalúa cada una de las razones dadas en los puntos 1 y 2; y haz tu decisión basándote en dichas evaluaciones.

"Vota SI a la gran mudanza" —decía el cartel de Kari. Kari había fijado dichos carteles por toda la casa para ganar votos a favor de nuestro traslado a otro estado; y como un verdadero director de campaña, trataba activamente de conseguir que nuestros otros dos hijos se pusieran de su parte.

Cuando llegó el día de la votación, distribuí una papeleta a cada uno de los miembros de la familia. La tensión fue aumentando a medida que leía cada voto en voz alta, hasta que por último se contaron los mismos. El "Sí" ganó por unanimidad.

La doctrina del gobierno de la mayoría no se aplica en este caso. Si un miembro de la familia hubiera votado "No", creo que habría sido importante considerar el *porqué* él o ella había emitido un voto diferente. Algo esencial para construir una familia feliz, es el acuerdo completo. A ser posible, la discusión debería permanecer abierta hasta que todos puedan concordar: y cuando parece que uno de los miembros va a impedir que el jurado pronuncie su fallo, se pueden considerar alternativas originales.

Qué hacer si un esposo y su esposa se encuentran estancados acerca de una decisión importante

En lugar de buscar a alguien que arbitre la batalla subsiguiente, pospón la decisión tanto como sea posible con objeto de reunir datos adicionales. Si la cosa se pone fea, los esposos necesitan decidir aquello que es mejor para la familia, y si todavía no se pueden poner de acuerdo pero la esposa le permite a su esposo tomar la decisión, éste debería hacerlo buscando el mejor interés *de los suyos*. Una actitud tierna y comprensiva puede derretir el corazón de una esposa y darle a ésta la seguridad que tan desesperadamente necesita en tiempos de decisiones difíciles.

Para meditación personal

1. ¿Enseña la Biblia que un esposo debe someterse a su mujer? (Efesios 5:21).

2. ¿Qué significan los versículos precedentes y sucesivos a Efesios 5:22 donde se manda a las esposas que se sometan? Comprueba también Colosenses 3:17–19.

3. Ya que un esposo debe amar a su esposa como Cristo ama a la iglesia, es esencial que sepamos cómo ama Cristo. ¿Qué podemos aprender acerca de él en Mateo 20:25–28?

4. Escribe en forma sencilla una definición de la sumisión. Considera Romanos 12:10

10. El éxito en el matrimonio: Algo más fácil de lo que piensas

"Cuando estaba con ellos. . . , yo los guardaba en tu nombre; a los que me diste, yo los guardé" (Juan 17:12).

Cuando era recién casado, preguntaba a menudo a otras parejas si podían decirme cuál era el secreto de un matrimonio feliz. Por lo general me respondían: "Tu esposa y tú tendrán problemas, pero si ha de ser así, permanecerán juntos; si no, se separarán". Más tarde, cuando me preocupaba respecto a mantener una relación íntima con mis hijos, la gente me contestaba: "Cuando sean adolescentes tus hijos se rebelarán; eso es lo normal".

Esas filosofías parecían tan pesimistas que me desanimaba cada vez que nuestra armonía doméstica se veía amenazada durante una discusión; y no podía encontrar ningún artículo o libro que tratara de cómo llegar a ser una familia entusiasta y amorosa.

Sin embargo, hoy puedo decir sin reservas, que mi esposa es mi mejor amigo; y ello ha sucedido porque hemos practicado un principio aprendido de varias familias con éxito. El practicar dicho principio, también ha eliminado toda falta de armonía importante en nuestro hogar y nos ha acercado más los unos a los otros.

Este principio lo aprendí entrevistando a más de treinta parejas por todo el país. Escogí a dichas parejas en primer lugar porque parecían tener unas relaciones más íntimas, y porque todos sus hijos —aunque muchos eran adolescentes— daban la impresión de estar muy unidos a sus padres y de sentirse felices con ello. Se trataba de familias entusiastas; y en la mayoría de los casos radiantemente satisfechas.

Cuando hablaba a diferentes grupos, escudriñaba el auditorio buscando a la familia que parecía más feliz; y luego, la entrevistaba. Con frecuencia primero hablaba sólo con la esposa, más tarde con el esposo, y por último con los niños. Siempre les hacía la misma pregunta: "¿Cuál cree que es la razón principal de que estén tan unidos y felices como familia?"; y sin excepción alguna, cada miembro contestaba lo mismo: "Hacemos muchas cosas juntos". Pero, lo que me resultaba aún más asombroso era que todas las familias tenían *una actividad particular en común.*

Puedo decir sinceramente, que he probado lo suficiente las sugerencias de esas familias, como para confirmar que son válidas. Ya no tengo miedo de que mi hogar se deshaga; ni tampoco de que mis hijos nos rechacen a mi esposa y a mí al ir haciéndose mayores. Esto es porque en mi casa se están practicando las cosas que aquellas otras familias con éxito sugerían.

Compartan experiencias

Jesús nos dejó un ejemplo, al compartir su vida con sus discípulos. Ellos viajaban, comían, dormían, sanaban y ministraban *juntos.* El los guió, protegió y guardó; y luego, oró por ellos (Juan 17). Su ejemplo de compañerismo y unidad me inspira constantemente para llegar a ser "uno" con mi familia programando muchas ocasiones para estar juntos. Ya que cada una de las familias a las que entrevisté mencionó el *acampar,* lo investigué como una posible actividad recreativa. Los primeros pensamientos de Norma eran acerca de mosquitos, serpientes, polvo y todo tipo de insectos. A ella no le gustaba acampar. Por mi parte, aunque sólo había estado acampando unas pocas veces, no podía recordar que hubiera tenido ningún problema insuperable. Así que decidimos intentarlo. Norma accedió a regañadientes, empuñando fuerte y desesperadamente un pulverizador para ahuyentar los insectos y llenando su bolso de carretes anti-mosquitos.

A continuación, pedimos prestada una furgoneta de acampar provista de tienda neumática, y partimos hacia Florida. En Kentucky encontramos un hermoso lugar, y aunque yo estaba nervioso por hallarnos solos en los bosques, no dije nada. Después de estacionarnos junto al único farol luminoso que había a 15 metros de las duchas, hicimos un fuego de campamento para asar salchichas y tostar "marshmallows". Todo estaba en calma; y no había nadie alrededor para distraernos. Aproximadamente a las nueve, acostamos a los niños; y luego, Norma y yo nos quedamos levantados para disfrutar de un romántico anochecer. Una tempestad de truenos distante nos entretuvo con su espectáculo luminoso mientras gozábamos de la cálida brisa. Aunque los relámpagos se acercaban cada vez más, pensamos que la tormenta estaba pasándonos de largo y nos fuimos a la cama despreocupados.

Los niños se encontraban ya durmiendo cuando me metí a gatas en una cama diminuta con Greg, y Norma se reunió con Kari. Estábamos acostados lo bastante cerca el uno del otro como para tocarnos las manos mientras susurrábamos suavemente. Yo pensé: ¡*Caramba, esto es vida! Ahora entiendo por qué a la gente le gusta acampar.* Pero mi sentimiento de sosiego fue destruido cuando la tormenta empezó a azotar furiosamente a nuestro alrededor y quebró el farol situado al lado de nuestra tienda. Estaba todo muy oscuro como boca de lobo, exceptuando los frecuentes y desiguales relámpagos que iluminaban el cielo. Los truenos retumbaban sacudiendo el suelo debajo de nosotros, y el viento comenzó a bramar. La lluvia golpeó contra nuestra tienda hasta que el agua se abrió camino a través de aquélla empapando nuestras almohadas.

—Querido, ¿crees que se va a volcar esta furgoneta? —preguntó Norma débilmente.

—No, no hay peligro —dije. En realidad pensaba que el vehículo iba a *saltar* por los aires. Sabía que íbamos a morir. Pero una hora más tarde, la furia de la tormenta se había apaciguado lo bastante como para que viéramos de nuevo el brillo de las estrellas. Nos quedamos allí acostados jadeantes, sobre nuestras almohadas empapadas, preguntándonos silenciosamente cada uno si el acampar era realmente para nosotros. También, me sentía curioso respecto al por qué dicha actividad jugaba un papel tan importante en cuanto a unir a las familias. ¡Pues claro! Cualquier familia que se enfrentara junta a la muerte segura y sobreviviera estaría más unida.

Colorado era el destino del primer viaje que hicimos en nuestro propio remolque. Estábamos impacientes por admirar la belleza de los picos cubiertos de nieve y oler el aroma de los pinos. Ya podía oír el crepitar de las truchas friéndose en la sartén. Cuando comenzamos a ascender la montaña, nuestra furgoneta disminuyó la velocidad desde 80 km por hora hasta 50, luego hasta 40, a continuación hasta 30, y finalmente hasta 25. El indicador de temperatura marcaba "caliente", y yo sentía como si yo mismo estuviera conectado con el motor, porque las palmas de mis manos también estaban sudando. Nuestros hijos, sintiendo la tensión en el aire, se pusieron hiperactivos y ruidosos.

—Tengo que parar en cuanto haya un lugar para hacerlo —les dije.

Cuando salí de la carretera tenía los nervios deshechos. Los tres niños saltaron afuera inmediatamente: y no había tenido tiempo todavía de preocuparme acerca del recalentado auto, cuando nuestro hijo más pequeño, Michael, gritó a pleno pulmón.

Para dar salida a algo de la energía reprimida, su hermano mayor había dado una patada a lo que pensó que era una lata vacía, pero que por desgracia estaba medio llena de lubricante para automóviles. La lata había aterrizado boca abajo sobre la cabeza de Michael cubriéndole de la cabeza a los pies. El niñito se sentía terriblemente desdichado. Su nariz, sus orejas, e incluso su boca estaban chorreando aceite. Ya que no esperábamos tal calamidad, no teníamos nada de agua en el remolque con que limpiarle; y temimos que se hubiera dañado los ojos, porque estuvo parpadeando rápidamente durante todo el resto del viaje.

Sólo he mencionado las ocasiones trágicas de nuestras experiencias acampando; sin embargo, también tuvimos momentos extraordinarios ascendiendo hasta las cumbres de montañas y explorando el campo. Pero creo que el significado real lo entenderemos cuando lleguemos al tercer punto que tratamos en este capítulo.

El hacer cosas con tu familia quizás te costará algo de dinero extra; pero cada centavo de más valdrá la pena.

Un día, por ejemplo, Norma me llamó para preguntarme si me gustaría comprar un bote para hacer esquí acuático con su equipo. Aunque al principio no estaba muy seguro, la idea parecía atraer a cada uno de los miembros de la familia.

Compramos un modelo "sumamente experimentado"; y cuando íbamos a través del lago en nuestra primera salida, noté que mi esposa se agarraba al costado de la embarcación como si temiera que fuéramos a volcar en cualquier momento. Yo pensaba que tenía todo bajo control, pero aun así la cara de Norma reflejaba claramente el pánico. Con una mano asía fuertemente el parabrisas, mientras que con la otra se agarraba desesperadamente a la barra que tenía a su lado.

—¿Qué pasa, Norma? —le pregunté.

—Detesto los botes —dijo despacio.

—¿Qué detestas los botes?

Debes estar bromeando. Fuiste tú quien me llamó para decirme que querías comprar éste, ¿me lo podrías explicar?

Disminuí la velocidad, y dejé la lancha parada con objeto de que pudiera relajarse lo suficiente para hablarme.

—Toda mi vida he tenido miedo de los botes —dijo—. Sencillamente siempre han supuesto un verdadero problema para mí —yo permanecía allí sentado completamente perplejo.

Se afanó por explicarme que aborrecía los botes, pero que sabía que podían llegar a gustarle. Ahora disfruta mucho más de ellos, convencida además de que el ir en bote y esquiar unirá nuestras vidas. Ella decidió soportar el navegar durante el tiempo suficiente para aprender a amarlo por el bien de la familia.

No mucho después de nuestra primera experiencia con el bote, me hallaba sentado al lado de un ejecutivo de la compañía aeronáutica Boeing durante un vuelo a Seattle. Cuando le pregunté acerca de su familia, el hombre me dijo que estaban muy unidos.

—¿Cuál es la cosa principal que mantiene unidos a los suyos? —inquirí.

—Hace varios años —me contestó él— compramos un yate, y viajamos como familia alrededor de las diferentes calas e islas que hay en el área de Seattle. A mi familia le gusta tanto navegar, que ello ha provisto una manera extraordinaria de unirnos unos con otros.

Me gustaría que todos los padres sintieran lo mismo.

Un hombre admitía tristemente, que cuando él y sus hijos se reunían para una de sus raras fiestas informales, apenas tenían nada en común.

—Es una experiencia deprimente—expresó— el que los hijos de uno vuelvan al hogar para hacer una visita, y no tener ninguna cosa en común con ellos. Las únicas ocasiones en las que nos reímos como familia, es cuando recordamos la vez que tomamos una vacación de tres semanas, alquilamos una tienda y nos fuimos a acampar. ¡Qué vacaciones pasamos! Todavía nos reímos de aquellas experiencias.

Aquel hombre no tenía ningún otro recuerdo grato de compañerismo familiar. Su esposa pertenecía a clubes de damas, él a asociaciones de caballeros, y los niños tenían sus propias actividades. Cada uno creció en mundos diferentes.

—Ahora que mi esposa y yo estamos solos, tenemos muy poco en común —se lamentaba—. Somos dos personas solitarias perdidas en nuestra casa de cinco habitaciones.

El sencillo principio de compartir la vida unos con otros ha impregnado cada área de nuestra experiencia familiar: desde el respaldar a Greg y a Michael en el fútbol, hasta apoyar moralmente a Kari y Greg con el piano. Siempre que podemos, buscamos maneras de pasar tiempo juntos: cocinando, pescando, acostando a los niños, trabajando en el jardín, etc. Todo lo que hacemos como familia, me da seguridad en cuanto a nuestra unidad más adelante.

Cuando yo pienso en un viaje a Hawai, me imagino nadando, buceando, pescando con arpón, o haciendo cualquier otra cosa relacionada con estar en el agua. Mi esposa piensa en una guirnalda de orquídeas en cuanto sale del avión, cenas en restaurantes románticos, alquilar un automóvil y visitar lugares de interés durante el día. Nuestros deseos son completamente diferentes. Sin embargo, sentimos que aunque tanto un esposo como una esposa necesitan tiempo para disfrutar de actividades separadas, también han de entrar el uno en el mundo del otro para gustar sus intereses personales.

Mientras mi esposa está comprando, puede que yo me encuentre nadando; pero por la noche cenamos juntos en un lugar muy romántico. A veces mi esposa querrá bucear conmigo, y yo disfrutaré visitando con ella lugares de interés. No estoy diciendo que yo prefiera hacer turismo a nadar, o que a ella le guste más ponerse un traje de baño que un vestido nuevo; pero creemos que es importante hacer concesiones con objeto de compartir experiencias. Más tarde, cuando lo único que queda del viaje es la cuenta del motel en tu cartera, son aquellas experiencias que han compartido durante la vacación lo que les unirá.

Con frecuencia, pregunto a parejas si hacen cosas juntos alguna vez. Cuando les pregunto acerca de sus vacaciones y la cara del esposo se ilumina mientras que su esposa hace una mueca, por lo general deduzco que las pasaron en el lugar escogido por el hombre. Probablemente fue un sueño para él y una completa tortura para ella y los niños.

Antes de planear una excursión familiar considera las siguientes sugerencias.

En primer lugar, averigua qué actividades querrán realizar juntos tú, tu esposa y tus hijos. A continuación, estudia el programa de cada uno para ver si la excursión proyectada supondrá penalidades para alguno de los implicados. Por ejemplo, nosotros acordamos como familia, que hasta esta temporada Greg no debía comprometerse en deportes de grupo, ya que sentíamos que durante los fines de semana era mejor que fuéramos a acampar, en vez de estar sentados en las graderías viendo a uno de los miembros de la familia jugar al fútbol americano. Sin embargo, de vez en cuando ajustamos nuestro programa para asegurarnos de que las actividades familiares no están obligando a uno de nosotros a perderse un acontecimiento importante.

Al llegar a este punto, pide a tu esposa que nombre diez actividades que le gustaría realizar contigo a lo largo del año.

1. _____
2. _____
3. _____
4. _____
5. _____
6. _____
7. _____
8. _____
9. _____
10. _____

A continuación, pídele que evalúe cuál actividad de las diez es la más importante para ella. No te sorprendas si prefiere hacer algunas cosas sola —o si no le gusta estar en absoluto contigo. Si tu esposa no desea compartir actividades contigo, reflexiona acerca de tu actitud hacia ella en el pasado. ¿Has sido acaso crítico o mostrado fastidio? ¿Te enfurruñabas cuando tenías que hacer algo que ella quería hacer? De ser así, ella recordará esas ocasiones y tenderá a evitar el involucrarse contigo en el futuro.

Pasemos ahora a la segunda sugerencia para llegar a ser una familia bien unida.

Reconoce la necesidad que todo el mundo tiene de pertenecer

Tú y yo sabemos lo bien que nos sentimos cuando podemos decir: "Yo pertenezco a este club"; "estos son mis amigos"; "la asociación necesita mi ayuda". . .

Durante una entrevista con la directora de vítores de un equipo de fútbol americano, aprendí cuánto necesitan las esposas ese sentimiento de pertenecer. Aquella mujer me dijo que le encantaba la forma en que su esposo la trataba cuando ella volvía a casa después de un viaje de dos días de duración. Estaba emocionado de tenerla de nuevo en el hogar. . . La mimaba, diciéndole cuánto la había echado de menos. Pero su actitud de aprecio por lo general desaparecía dos días después; y entonces comenzaba de nuevo a no hacerle ningún caso.

¿Por qué nos sentamos pegados a la televisión como si nuestras esposas no existieran? Parece que nos damos más cuenta del amor que les tenemos cuando están fuera de nuestras vidas por unos días. Sin embargo, ¿verdad que después de que se hallan por un tiempo con nosotros empieza el aburrimiento?

Una experiencia que tuve con mi hija, ilustra vivamente el principio del pertenecer. Cuando Kari tenía nueve años, yo notaba que había una barrera indefinida entre nosotros dos. No podía detectar nada específico; sólo que no estábamos unidos. Yo no disfrutaba estando con ella, ni a ella tampoco le gustaba estar conmigo. Por mucho que me esforzara no lograba traspasar la barrera. De vez en cuando, Norma comentaba que yo prefería mis hijos a mi hija, y yo respondía: "Una de las razones de ello es que los chicos muestran más interés por mí".

"Debes hacer algo ahora para fortalecer la relación —expresaba ella—, porque cuando Kari se haga mayorcita será más difícil". De modo que puse a prueba el valor que tiene pertenecer, y decidí llevarme a Kari conmigo en mi siguiente viaje de negocios de siete días. Aunque todavía no estábamos unidos, ella se emocionó mientras planeábamos lo que debíamos hacer y adónde nos alojaríamos. Durante el viaje en avión trabajamos en sus problemas de multiplicar hasta que éstos casi me sacaron de mis casillas —tanto a mí como al hombre sentado enfrente de nosotros. La primera noche nos hospedamos con una familia de granjeros en Washington; y pude notar la afinidad que Kari y yo sentíamos mientras nos reíamos y cantábamos alrededor de la mesa durante la cena con los numerosos hijos del matrimonio —estábamos verdaderamente disfrutando el uno la compañía del otro. A veces, ni siquiera hablábamos. Unicamente con estar juntos parecía ser suficiente. Kari dio la impresión de divertirse tanto ayudándome con mis reuniones como en aquella casa de granjeros. Le dejé distribuir algo del material, así que sintió realmente que era una parte especial de mi equipo —lo cual en verdad era.

Más tarde, decidimos ir de Portland a Seattle por una ruta pintoresca. Yo quería enseñarle el pueblecito "asoma y plum" cerca de Portland donde crecí. Es tan pequeño que para cuando "asomas" la cabeza por la ventanilla, "¡plum!", ya estás fuera del lugar. Después de aquello, se nos pinchó una rueda cerca del río Columbia; la cambiamos juntos, y luego bajamos andando al río para coger maderas flotantes como recuerdo. Intentamos subir por una montaña cubierta de nieve, pero tuvimos que dar la vuelta y recorrer de nuevo todo el camino hasta Seattle por la carretera más lejana. Ambos recordaremos aquel viaje: tanto los momentos buenos como los malos.

En los cuatro años que han pasado desde que hicimos dicho viaje, *nunca* he sentido que hubiera ninguna barrera entre nosotros. Experimento una armonía y unidad completa en compañía de Kari; y ella todavía tiene el pedazo de madera en su dormitorio —como recordatorio silencioso de nuestro lazo y de su relación especial con Cristo— en el que está grabada la fecha de su conversión.

Permite que los tiempos difíciles les unan

Las trincheras producen amistades duraderas. ¿No has oído historias de compañeros que compartieron un hoyo de protección durante la guerra? En cualquier momento en que se encuentran, existe un compañerismo instantáneo que nadie les puede jamás quitar—un sentimiento nacido de haber sobrevivido cierta lucha juntos. Las pruebas pueden producir madurez y actitudes amorosas (Santiago 1:2–4).

También las familias tienen trincheras; y aun cuando una crisis deje cicatrices profundas, el dilema puede unir más a los miembros de un hogar.

Quizás son las crisis al acampar lo que tiene un efecto tan unificador en una familia. Cualquier familia que es capaz de sobrevivir a los insectos, al zumaque venenoso, a las tormentas, a las salchichas quemadas y a la arena en los huevos, tiene que surgir más unida de la prueba rigurosa. Durante una crisis no pueden contar más que el uno con el otro. Todos miramos a los percances que ocurrieron durante nuestras excursiones acampando; y *nos reímos*; aunque entonces no fueron nada divertidos. Como la noche en la que Norma me despertó a las dos de la madrugada con tanto frío que preguntó: "Querido, ¿podrías llevarnos a casa?" Aunque estábamos a dos horas de trayecto de nuestro hogar, abandoné mi cómoda cama para recoger las cosas y partir. De camino a casa me llamó su Juan Wayne; pero en ese momento yo no me sentía mucho como un héroe.

Nuestros fiascos al ir a acampar han sido numerosos. *Sólo dos horas más y estaremos en el hogar dulce hogar* —pensaba yo después de nuestra primera salida para acampar. La tensión electrizaba el aire mientras todos anhelábamos estar de nuevo en casa con agua caliente y nuestras propias camas. Ahora, nos reímos al recordar la experiencia; y nuestra risa nos liga como esposo y esposa y como padres e hijos.

La actividad que más les gusta a las esposas realizar con sus esposos

Muchas mujeres me han hablado de lo importante que es para ellas tener una comunicación íntima con sus esposos —ratos especiales de compañerismo— una vez que los niños se han acostado, por teléfono durante el día, en el desayuno, a la hora de la cena, tomando una taza de café en un restaurante. . . Esas ocasiones especiales para compartir pueden resultar la parte más agradable del día para una mujer.

Mi esposa está de acuerdo en que la cosa que más le gusta de nuestra relación es un rato para compartir conmigo en la intimidad. Damos mucha importancia al desayunar juntos con la mayor frecuencia posible en un restaurante cercano únicamente para hablar de nuestros programas venideros. Yo le pregunto lo que necesita para la semana y qué puedo hacer para ayudarla, y viceversa. Disfruto de nuestras charlas porque sé que a ella le gustan. Pero lo que es todavía más importante: echaría de menos verdaderamente esos ratos de comunicación íntima si alguna vez los descuidáramos. Para comprendernos de veras el uno al otro durante nuestras conversaciones, utilizamos un concepto que muy pocas veces se enseña en las aulas: se llama el "método giratorio" de comunicación. Aunque es algo muy sencillo, lo encontrarás tremendamente útil para evitar malentendidos. Dicho método comprende cuatro pasos:

1) Le pido a mi esposa que comparta sus sentimientos y pensamientos conmigo.
2) Respondo expresando con mis propias palabras lo que creo que ella ha dicho.
3) Ella me contesta sí o no.
4) Si contesta que no, sigo poniendo en mis propias palabras lo que pienso que ha dicho, hasta que recibo un sí como respuesta.

Mi esposa sigue esos mismos cuatro pasos cuando le explico mis sentimientos.

Nuestra comunicación tiene más sentido, ya que ninguno de los dos *da por sentado* que sabe automáticamente lo que el otro está diciendo (en el pasado, los malentendidos acerca de significados implícitos hacían confusas y estropeaban muchas discusiones). Este proceso ha eliminado casi por completo las interpretaciones erróneas en nuestro matrimonio.

Para meditación personal

1. ¿Cómo se puede aplicar el ejemplo en cuanto al discipulado de Pablo en 1 Tesalonicenses 2:7–11 a una relación familiar?
2. Planea una manera sencilla de llegar a ser "una sola carne"

con tu esposa (Efesios 5:31). Utiliza el ejercicio de más abajo como ayuda.

¿Qué actividades podemos compartir en la vida el uno con el otro?

A. La Vida Cristiana

   La iglesia

   La oración: ¿cuándo, dónde, y cuán a menudo?

   El estudio bíblico: ¿cuándo, dónde, y cuán a menudo?

   El testificar

   La ayuda a otros

B. Viajes o vacaciones

   ¿Cuál sería nuestro viaje de ensueño? ¿Qué cosas incluiría?

C. ¿Cuáles son dos de mis actividades favoritas?

   Describe en detalle por lo menos una de ellas.

D. ¿Cuáles son dos de las actividades favoritas de mi esposa?

   ¿Hay alguna manera de combinar las actividades favoritas de ambos?

E. ¿A qué actividad en la vida le tengo miedo, o para cuál me siento inadecuado?

   ¿Cómo podría ayudarme mi cónyuge a tener victoria en esta área?

11. ¡Conque quieres una esposa perfecta...!

"Porque no osaría hablar sino de lo que Cristo ha hecho por medio de mí" (Romanos 15:18).

"Si fueras una esposa más sumisa, no tendríamos ni la mitad de los problemas que tenemos" —solía yo decir a la mía con una voz de santurrón en grado exagerado. Estaba seguro de que si sólo podía motivarla a que cambiara sus actitudes y sus respuestas hacia mí tendríamos un matrimonio armonioso y satisfactorio; y siempre estaba pensando en formas nuevas, originales e infalibles para hacerla cambiar. Naturalmente, por lo general mis creativas ideas sólo la hacían más resistente; pero yo no dejaba que eso me desanimara. Según pensaba, después de todo la mayoría —si no la totalidad— de nuestros problemas eran culpa suya.

Incluso le decía cosas como: "Eres tan testaruda y obstinada, que estás haciendo que nuestro matrimonio decline, se deteriore".

O: "Si tan sólo no te pusieras tan histérica cuando discutimos nuestros planes futuros, estaría más dispuesto a compartir mi vida contigo. Sencillamente, no puedo soportar tu emocionalismo".

En aquel entonces, yo creía que el esposo era el "capitán" del barco: y cuando daba órdenes, esperaba que todo el mundo las cumpliera inmediatamente y aceptara mi liderato sin oponer resistencia. La idea deformada que tenía, me hacía criticar continuamente el comportamiento de mi esposa. Todavía puedo recordar que la amenazaba para subrayar la importancia de lo que estaba diciendo. Le aplicaba el tratamiento silencioso, negándome a hablar, con la esperanza de conseguir su atención para que viniera arrastrándose ante mí después de comprender lo equivocado de su conducta. Y puedo rememorar fácilmente mi insistencia en sermonearla una y otra vez acerca de las mismas cuestiones.

139

El sermonear no es ni la mitad de efectivo que los *tres* métodos siguientes:

Conviértete en un ejemplo consecuente de lo que quieres que sea tu esposa (Romanos 15:18)

Ciertos estudios han demostrado que es mucho más probable que los niños copien las acciones de sus padres que el que hagan caso de las palabras de éstos. Personalmente, me he dado cuenta de que el mismo principio es verdad en las relaciones entre adultos. Una esposa está subconscientemente mucho más dispuesta a imitar las actitudes de su esposo si tienen una buena relación conyugal y ella le admira. Por desgracia, también lo opuesto es cierto. Cuanto más exige un esposo que su esposa cambie sin ser él mismo un buen ejemplo, tanto menos deseosa estará ella de mejorarse.

Yo trataba de cambiar a mi esposa en un área determinada durante meses. La sobornaba, la avergonzaba, la amenazaba con no llevarla de vacaciones; esforzándome de muchas maneras "creativas" en hacerla cambiar. Pero cuanto más hablaba, menos parecía ella oírme. Finalmente, me di cuenta de lo poco amorosa que había sido mi actitud; y decidí en mi interior no decir nada más a Norma acerca de sus problemas hasta que yo mismo pudiera controlarme lo suficiente como para llegar a ser el esposo tierno y amoroso que ella necesitaba. La estaba juzgando en las mismas áreas en las que yo era culpable (Romanos 2:1, 2).

¿COMO PUEDE UN HOMBRE ESPERAR QUE SU ESPOSA CONSIGA DOMINIO PROPIO EN DETERMINADAS AREAS DE SU VIDA CUANDO EL MISMO NO LO TIENE?

Ahora estaba *listo* para realizar algunos cambios.

—Norma —dije a mi esposa—, he estado pensando en tratar de cambiar, y estoy preparado para empezar. Voy a dejar de molestarte.

—¿Sabes? —expresó ella—. Yo también he estado meditando un poco en ello, y realmente quiero cambiar; en particular en esa área que te molesta.

—No, no. . . No lo hagas —contesté—; porque quiero ser el primero en cambiar. Si tú cambias no tendría tanto incentivo; ya sabes lo competidor que soy.

—No, querido. Quiero realmente esforzarme más, y voy a cambiar —replicó.

Estaba desconcertado, ya que esta era la *primera* vez que ella tenía interés en cambiar. *Luego dijo algo que jamás olvidaré.*

—¿Sabes, Gary, cuál ha sido una de las razones de que me haya resultado tan difícil librarme de algunos de mis hábitos? Por lo horrible que era tu actitud. Cuando me criticabas, perdía todo deseo de intentarlo y toda energía para hacerlo. Y eras tan detestable en tu manera de criticarme, que no quería mejorar porque así reforzaría tus actitudes.

Ahora que había dejado de presionarla, me dijo que podía sentir la diferencia en mi actitud.

—Gary —expresó—, realmente quiero cambiar, y ahora me estás ayudando de verdad.

La ineficacia de sermonear a tu esposa

Así supe que la actitud tierna, sensible y comprensiva de un esposo crea un deseo mucho mayor en su esposa que casi ninguna otra cosa. Por desgracia yo había aprendido la virtud de la sensibilidad en los primeros años de nuestro matrimonio, y mi esposa no siempre se sentía libre para ser totalmente sincera conmigo por miedo a mis reacciones.

Siento un escalofrío al recordar cuánto perjudicó a nuestro matrimonio el que Norma considerara que no podía decirme sus verdaderos sentimientos. Una de nuestras experiencias más dolorosas en esta área comenzó en cierta reunión familiar.

Ambos estábamos cansados e irritados después de un largo día en una fiesta familiar cerca del lago Tahoe, cuando comenzó cierto desacuerdo. No sé cómo encontramos suficiente energía para tener tal pelea; pero con bastante facilidad estalló una discusión. Yo llegué a estar cada vez más enfadado y alterado cuando Norma se negó repetidamente a someterse a mí acerca de mi cambio de horarios. Por último, su actitud me enojó tanto que le dije que ya no lo aguantaba más. Allí estaba yo, en el equipo de una organización que enseña a otros cómo tener armonía familiar, e incapaz de llevar a cabo dicha armonía ni siquiera en mi propia familia. Vivía con un inquietante sentimiento de que Norma podía explotar en el momento indebido y avergonzarme. Ya no quería seguir teniendo tal presión, así que decidí que no me quedaba más remedio que abandonar mi trabajo e intentar realizar una labor de otro tipo.

Aquella noche ambos estábamos tan enfadados que no nos hablamos. Luego, a las cinco de la madrugada me desperté con un malestar en la boca del estómago y bajé andando hasta el lago para meditar. Pensé detalladamente en lo que le diría a mi jefe y cómo me enfrentaría a los cambios que estaban a punto de suceder en mi vida. Con cierto grado de paz volví al motel para hablar a Norma de mis planes.

Cuando la puse al corriente de lo que pensaba hacer, ella comenzó a llorar rogándome que no dejara mi trabajo: —He hecho mal —dijo sollozando—. Cambiaré.

Su inmediato cambio de actitud me desconcertó.

—Esta vez puedes confiar en mí, porque te garantizo que no sucederá de nuevo mientras vivamos —expresó aún llorando—. De veras no quiero que dejes tu trabajo, ya que me lo reprocharías el resto de nuestras vidas. Cualquier cosa que me digas que haga, la haré.

Por fin está empezando a ver lo equivocado de su conducta —pensé—. *Ahora podemos pasar a considerar el modo de desarrollar un matrimonio más armonioso.*

No podía haber estado más lejos de la verdad. Norma no había sido totalmente sincera conmigo; y en vez de experimentar un cambio de disposición, lo que pasaba era que se sentía tan herida y ofendida interiormente por mi actitud crítica que su corazón se había endurecido. Pero ya que estaba amenazando su seguridad, y hablando de separarla de unos amigos y de un hogar los cuales amaba, de trasladarnos a una localidad diferente sin ni siquiera la promesa de que fuéramos a tener algo de dinero, escondió sus verdaderos sentimientos. En aquel entonces, yo no comprendía lo devastadora que una amenaza así podía ser para una mujer. Norma luchó por salvar su hogar de la única manera que conocía: cediendo a mí. Pero no era porque de repente hubiera entendido mi teoría del matrimonio; sino sencillamente porque no tenía otra alternativa.

Mi esposa albergó aquellos sentimientos de rencor durante años; y por consiguiente nuestra relación no pudo llegar a ser lo que debía a causa de su resentimiento inexpresado hacia mí. Todavía puede recordar cómo me aborrecía interiormente mientras sonreía por fuera. El pensar en ello me hace estremecer. Puesto que en la superficie parecía feliz, yo no podía comprender que en su interior sentía aversión hacia mí.

Cuando hoy miro hacia atrás a aquella experiencia, me doy cuenta en dónde estaba la falta. Era exigente e insensible a las necesidades de Norma. No hacía ningún esfuerzo por comprender sus limitaciones físicas y emocionales, ni la manera en que los cambios repentinos afectan a las mujeres. También era muy crítico de sus actitudes y de su cansancio; y amenazaba su seguridad de una forma fría y estudiada. Si hubiera sido lo suficientemente comprensivo como para esperar uno o dos días con objeto de discutir lo que quería hacer, quizás el resultado habría sido diferente. Sólo en los últimos años hemos desarrollado el tipo de relación que permite esta clase de sinceridad.

No exijas, comparte lo que sientes

La segunda forma de aumentar el deseo de tu esposa por mejorar el matrimonio, es *compartir* lo que sientes en vez de exigir que ella progrese.

Déjame aclarar este principio del "compartir" dividiéndolo en cuatro partes:

Aprende a expresar tus sentimientos mediante actitudes amorosas como el cariño, la comprensión y la sinceridad. Dichas actitudes amorosas aumentan de manera dramática el deseo de una mujer por oír nuestros comentarios. El cariño es aquella aceptación amigable de una persona —el sentimiento de que alguien es lo bastante importante como para dedicarle tu tiempo y esfuerzo. La comprensión es la capacidad de comprender los sentimientos de tu esposa y de identificarte con éstos. ¿Puedes ponerte en su lugar y ver la situación desde su posición ventajosa? La sinceridad consiste en mostrar un verdadero interés por tu esposa tanto en público como en el hogar. Comentarios como por ejemplo: "No creerías a mi vieja", le dan a ella una buena razón para ser una "vieja" cuando llegan a casa.

Intenta evitar el utilizar expresiones acusadoras cuando estás compartiendo tus sentimientos. Si dices a tu esposa: "Nunca limpias a fondo esta casa", o "Nunca tienes la cena a su hora"; o también: "Siempre gritas a los niños", te darás cuenta de que ella es capaz de resistirte todavía más. Según el sicólogo Jerry Day, las afirmaciones acusadoras la hacen sentirse más determinada a salirse con la suya. Cuando un esposo dice airadamente: "¿No puedes pensar alguna vez en mis sentimientos para variar?"; la esposa piensa: *¡Sus sentimientos! ¡Y qué hay de los míos!* Las expresiones acusadoras muy pocas veces la hacen a tu esposa pensar en ti —por lo general la ponen furiosa, porque sabe que a ti no te preocupan sus sentimientos.

Espera hasta que tu enojo se haya calmado para compartir tus sentimientos. Cuando estás airado, es probable que el tono de tu voz por sí solo provoque la reacción indebida de parte de tu esposa; y puede que hasta digas palabras que no quisieras. Mientras esperas a apaciguarte, permanece silencioso o cambia a un tema neutral. Si tu esposa te pregunta por qué estás callado, contéstale honradamente. Trata de evitar el sarcasmo y di algo como: "Necesito un poco de tiempo para pensar en esto detenidamente con objeto de poder comprender mejor mis sentimientos". El sicólogo Henry Brandt anima a los esposos y a sus esposas a ser lo bastante sinceros como para decir: "Ahora mismo estoy enojado, y discutir nuestro problema sería desastroso. ¿Podemos esperar hasta que me haya calmado?" Esperando, te será posible tener una conversación en vez de una discusión.

El sustituir las afirmaciones acusadoras por mensajes con "siento", después de haberte apaciguado, supone una mejor manera de compartir desacuerdos. He aquí algunos ejemplos de lo que quiero decir:

Areas en las que tu esposa necesita mejorar	Expresiones típicas que se deben evitar	Ejemplos de mensajes con "Siento".
Ella no te respeta.	"No me respetas como debieras".	"Querida, probablemente no te das cuenta de esto, pero me siento verdaderamente desalentado siempre que te oigo decirme cosas irrespetuosas" (inserta la expresión que ella utiliza la cual te desanima).
No te acepta como eres.	"Siempre estás tratando de convertirme en alguien que no soy".	"Querida, no te censuro por decirme muchas de las cosas que me dices. A menudo no estamos sencillamente en el mismo mundo. *Pero sinceramente no comprendo muchas de las maneras en que te ofendo; y siento que no me aceptas como soy*".
Es impaciente contigo.	"Nunca me das una oportunidad. Deja de fastidiarme y dame un respiro. No soy perfecto; pero tampoco tan malo como el esposo de Sara.	"Querida, pienso que te mereces una medalla de oro por soportarme, y quisiera que nuestra relación fuera mejor por amor a ti. Me gustaría ser más hábil en cuanto a cuidarte, pero probablemente me tomará mucho tiempo aprender esos nuevos hábitos. Muchas veces pierdo el deseo de intentarlo cuando me criticas por no progresar tan rápido como tú quisieras".

| Te critica enfrente de otros. | "Me pones enfermo cuando me criticas como esta noche. Si vuelves a decir eso otra vez no te llevaré más a ninguna fiesta". | "Querida, ya sé como te gusta estar con tus amigos. ¿Habrá algún momento en un futuro próximo en que podamos hablar acerca de cómo me siento cuando estamos en esas fiestas? Me molesta sacar esto a colación, pero algo haces que apaga mi deseo de estar juntos con nuestros amigos. Verdaderamente me siento avergonzado y humillado cuando me criticas delante de ellos". |

Por último, abandona las expresiones con "ya te dije que. . . ". No importa como se diga, siempre que signifique: "ya te lo dije"; elimínalas de tu vocabulario. Tales afirmaciones reflejan una arrogancia y un ego-centrismo que pueden ser perjudiciales para tu matrimonio. He aquí algunas de las maneras más corrientes de manifestar "ya te lo dije":

"Si hubieras hecho lo que te dije al principio, ¡esto no habría ocurrido!"

"Ya lo sabía. . . exactamente como pensé. Sólo te pedí que hicieras una cosa. . . no puedo creer que tú. . . ¿Verdad que nunca me escuchas? ¿Lo veeees?"

"Siempre tienes que hacerlo a tu modo, ¿no es así?. . . Bueno, espero que ahora estarás satisfecha".

"No lo voy a decir, pero. . . quizás algún día aprenderás a escu-char mi consejo".

¿Puedes pensar en alguna otra forma en la que dices a tu esposa "ya te lo dije"?

1. _____
2. _____
3. _____
4. _____

Si no puedes pensar en ninguna en este instante, pregúntale a tu esposa si ella es capaz de recordar algunas. Norma podía.

Yo busco las maneras en que he herido los sentimientos de mi esposa, y ella hace lo mismo en cuanto a mí. Norma se siente segura, sabiendo que *no permitiré* que me maltrate. A ella le gusta que se le haga respon-sable de cómo hace que yo me sienta; y también yo creo que es importante el que un esposo tenga el valor suficiente para compartir sus sentimientos con su esposa. Un león puede rugir y gruñir, pero se necesita ser todo un hombre para decir las cosas con mansedumbre. Dile que necesitas consuelo; hazle saber que tienes necesidad de alabanza (yo siento que necesito el mismo tratamiento básico que Norma. Si ella quiere que mejore como esposo, es imprescindible que sepa lo que me anima o me desanima en el proceso). Tú eres la única persona que puedes decir a tu esposa lo que necesitas.

Crea curiosidad

La tercera forma de aumentar el deseo de mejorar de tu esposa, procede del viejo dicho: "A un caballo puedes llevarlo al agua; pero no obligarlo a beber". Pero sí que puedes hacerle beber, si pones sal en su avena. Cuanta más sal eches en la misma, tanta más sed tendrá el animal, y tanto más beberá. De igual manera, cuanta más curiosidad despiertes en tu esposa, tanto más querrá ésta escuchar. A este principio se le ha llamado muy acertadamente "el principio de la sal". Sé roñoso compartiendo tus sentimientos; no lo hagas con tu esposa hasta que tengas toda su atención. Una vez que domines el principio de la sal, serás capaz de conseguir el interés de cualquiera; aun cuando sepan lo que estás haciendo. Este principio, sencillamente formulado, es:

NUNCA COMUNIQUES TUS SENTIMIENTOS, NI NINGUNA INFORMACION QUE CONSIDERES IMPORTANTE, SIN CREAR PRIMERAMENTE UNA ARDIENTE CURIOSIDAD EN EL QUE TE ESCUCHA.

El principio de la sal es tan poderoso, que puedo conseguir la atención de mi familia aunque tengan los ojos pegados a la televisión. Si quiero que mis hijos se vayan a la cama inmediatamente, puedo utilizar dicho principio para lograrlo sin amenazas, provocaciones sarcásticas o gritos. Cristo nos dejó el ejemplo en su método de enseñar y motivar a la gente. El utilizaba parábolas para despertar el interés —de hecho nos aconsejó que no enseñemos la verdad a aquellos que no están interesados (Mateo 7:6).

El principio de la sal tiene tanto poder que me he metido en dificultades utilizándolo. Durante cierta conferencia que di a un grupo numeroso, alguien me hizo una pregunta que me movió a decir sin pensar: "¿Se da cuenta de que una esposa puede conseguir seis actitudes que verdaderamente motiven a su esposo a querer mejorar?" En el momento en que aquellas palabras salieron de mi boca, comprendí que me hallaba en un apuro. Enseguida se levantó una mano de mujer: "¿Cuáles son esas seis actitudes?" —fue la pregunta. Yo gemía en mi interior, ya que me daba cuenta de que no podía hablar de aquellas seis actitudes y terminar el tema que había empezado. Agachando la cabeza, pedí perdón al auditorio por provocar su curiosidad. No olvidé aquel salado episodio, ya que después de la reunión fui acosado por las señoras curiosas. No puedo decir que me sentía como Burt Reynolds, pero tuve que pasar una hora después de aquel coloquio explicando las seis actitudes. Ahora bien, si te estás preguntando cuáles son esas seis actitudes, las puedes encontrar en el libro compañero de éste: *El gozo del amor comprometido - Tomo 2.*

Déjame utilizar cuatro pasos para ilustrar cómo puedes captar la atención de tu esposa cuando quieres compartir tus sentimientos con ella.

Primeramente, identifica con claridad el sentimiento que deseas comunicarle: Por ejemplo, quieres que tu esposa comprenda cuánto te desanima el que ella te corrija en público.

En segundo lugar, determina algunas de las áreas en las cuales tu esposa desea que cambies. Quizás ella quiere que muestres afecto hacia su persona teniéndola de la mano o poniéndole tu brazo alrededor cuando se hallan en público.

En tercer lugar, utiliza esa área de gran interés para tu esposa, salada con un pellizco de tus propios sentimientos, para estimular la curiosidad de ella. Usa el gran interés que ella tiene porque le muestres cariño delante de otros, y di algo como: "Querida, cuando nos encontramos en público o con nuestros amigos, quiero sencillamente rodearte con mi brazo y mostrar a todo el mundo lo orgulloso que estoy de ti. Pero hay algo que haces de vez en cuando lo cual me quita el deseo de tenerte así abrazada".

Y en cuarto lugar, añade un poco más de sal haciéndole una pregunta corta para incitar más su curiosidad. Di algo como: "¿Sabes lo que es?"; o "Probablemente no deberías manifestar nada en este momento, ¿no es cierto?"; o quizás: "¿Estarías interesada en oír qué es lo que me hace sentir así?" Si no tiene interés en saberlo entonces, inténtalo de nuevo más tarde añadiendo una dosis mayor de sal a sus expresiones.

Más abajo aparecen cuatro ejemplos de cómo un esposo puede "salar" a su esposa para que ésta escuche sus sentimientos.

Area en la que deseas que tu esposa cambie	Afirmaciones "saladas" que motivan a tu esposa a cambiar
1. Se resiste a tus requerimientos sexuales.	"Querida, ¿sabes lo que me anima de veras a mejorar nuestro matrimonio? (No.) Cuando nos vemos trabajando juntos para construir nuestra relación conyugal. (Oh, qué bien.) Sin embargo, puedo pensar en un área la cual me hace sentir que no estás cooperando conmigo. (¡Oh! ¿cuál es esa área?) ¿Es un buen momento para hablar de ello? (Sí.) Pues bien me siento mal comprendido y rechazado cuando no me respondes por la noche. ¿Podrías decirme qué pasa?" (*Sé extraordinariamente amable y tierno durante la discusión resultante. Quizás descubras que ella se siente ofendida o cualquier otro número de cosas posibles; pero no tienes que resolver el problema en una sola conversación*).
2. Ella monopoliza la conversación en las fiestas.	"Querida, ya sé que quieres ir a su casa la semana que viene; pero hay algo que sucede una y otra vez cuando estamos juntos lo cual me ahuyenta de los encuentros sociales en general. (¡Oh! —tragando saliva—, ¿qué es?) Bueno, no estoy seguro de poder explicarlo del todo sin ofenderte. (Con un nudo en la garganta.) ¿De veras quieres hablar de ello? (Sí.) Pues bien, en las fiestas me siento anulado por ti" (*Pregúntale cómo pueden equilibrar este problema entre los dos. Quizás podrías hablar un poco más y ella un poco menos. Si discuten un plan antes de ir a la fiesta, aumentarán la posibilidad de que la misma resulte más agradable para ambos.*)
3. No quiere hablar contigo cuando están a solas los dos.	"Querida, otra vez estamos hablando de mejorar nuestra relación. Todavía lo deseas, ¿no es así? (Sí.) ¿La mejor relación posible que podamos construir juntos? (Sí.) Hay algo

que nos sucede en diferentes momentos de la semana, lo cual no entiendo; y que pienso que no va a ser de ayuda para nuestro matrimonio —especialmente una vez que los niños se hagan mayores, se casen y nosotros nos quedemos solos el uno con el otro. (Oh, ¿qué es?) Bueno, tiene que ver de alguna manera con los ratos tranquilos durante los cuales tú y yo nos encontramos a solas, y yo estoy realmente queriendo hablar contigo, pero tú no pareces tener el mismo deseo de conversar conmigo. Sencillamente me pregunto si hay algo que hago mal inconscientemente, ya que quiero de veras hablar contigo pero no siento ese mismo interés en ti. Quizás no estoy siendo sensible a tu cansancio, o lo que sea. Sólo quisiera saberlo, porque me siento realmente puesto de lado cuando no me hablas en aquellas ocasiones en que estamos los dos solos".

4. Te importuna con las reparaciones del hogar.

"Querida, no te censuro por hacerme algo en particular de vez en cuando, porque estoy seguro de que lo merezco. Pero cuando me dices cierta cosa, pierdo el interés en reparar cosas en la casa. (Oh, ¿de qué se trata?) Bueno, sé que tiene algo que ver conmigo, y todavía no he podido explicármelo; pero, al mismo tiempo, no me ayuda a querer arreglar cosas por aquí. (Ven, dime lo que es.) Quizás me puedas echar una mano. ¿Sería ahora un buen momento para que me ayudaras a comprender por qué me haces esa determinada cosa? (Sí, querido, sea lo que sea saquémoslo a la luz y hablemos de ello). Pues bien, ¿sabes cariño?, me siento tan desanimado cuando me dices cinco veces —en algunas ocasiones con irritación o airada— cinco veces que haga algo y no puedo acordarme de ejecutarlo. . . A pesar de lo mucho que quiero hacerlo, mi mente sencillamente se llena de otras cosas y no logro recordar. Deseo verdaderamente ayudar en casa. ¿Cómo podemos encontrar entre los dos lo que hay que hacer para ayudarme a llevar a cabo esas cosas y para que tú no me importunes con las mismas? Siento que pierdo realmente el interés en hacerlas cuando me las machacas una y otra vez".

En resumen: Si un hombre quiere verdaderamente que su esposa mejore y que el matrimonio se vea fortalecido, debería ser el ejemplo de lo que desea ver en ella antes de decir nada a su esposa. También debiera tener el valor suficiente para compartir sus sentimientos y evitar de acusarla a ella. Y por último, debería utilizar el "principio de la sal" para ganar su atención completa antes de compartir dichos sentimientos.

Para meditación personal

Haz una lista de los cambios que deseas tengan lugar en tu esposa, y luego escribe tus propios planes para llegar a ser el ejemplo para ella. (Romanos 15:18; 2:1, 2).

12. ¡Cuidado! Puede sucederte a ti

"La soberbia del hombre le abate; pero al humilde de espíritu sustenta la honra" (Proverbios 29:23).

—Norma, pienso de verdad que deberías tomarte un par de días lejos de los niños teniendo en cuenta todo aquello a lo que te has enfrentado durante mi ausencia: todos los invitados a los que has tenido que agasajar, la despedida de soltera, el pintar la habitación de Greg... Voy a conseguir a alguien que cuide de los niños, y tú simplemente descansa. No pienso que lo estás sobrellevando muy bien.

Estaba tratando de volver a trabajar en este libro, y en cierto modo me irritaba que Norma pareciera nerviosa y tuviera un aspecto tenso.

—No necesitaba que me dijeras tal cosa —dijo ella—. Eso me hace sentir que no piensas que puedo manejar las cosas por mi propia cuenta.

—Sin embargo, no pienso que te estás manejando bien, —expresé con mirada ceñuda y voz áspera—. ¡Sin duda el escribir un libro supone más presión que quedarse con los niños!

—Pienso que me estoy portando muy bien —replicó—; pero tú estás haciéndome sentir como si no pudiera arreglármelas sola—. Norma no estaba dispuesta a sucumbir a mi gran esfuerzo por empezar una discusión.

Entonces, los principios de mi libro pasaron como un relámpago por mi mente y se abrieron paso a través de mi irritación. Comprendí que me encontraba enojado y nervioso, y que mi esposa estaba soportando el peso de mi insensibilidad. ¡Había vuelto a equivocarme!

—Tienes razón —expresé—. No necesitabas eso. *Estás* haciéndolo magníficamente. ¿Aprenderé alguna vez?

A la mañana siguiente vino para desayunar al motel que yo utilizaba como refugio, y volvimos a hablar de cómo yo había perdido una oportunidad de animarla. Mi motivo era el de ayudarla; pero las palabras insensibles que pronuncié procedieron de una duda acerca de si *realmente* era el tipo de esposo que debería. Si yo fuera esa clase de esposo, quizás mi esposa no tendría que sentirse tan nerviosa y agotada. Lo que había pensado era: *Querida, sólo una semana más y habré terminado con ambos libros. Por favor, aguanta. ¿Qué pensaría la gente de nuestro libro si no tienes el aspecto de que yo te hago feliz?*

Norma dijo que comprendía, y me recordó que mi comportamiento ofensivo ocurre cada vez con menos frecuencia, y que los períodos de falta de armonía se van haciendo más y más cortos a medida que aprendemos a restaurar nuestra relación.

¿Por qué están desapareciendo esos malos momentos? Hay dos razones para ello:

1. Yo *admito* mi conducta ofensiva y acepto rápidamente el hecho de que todavía no he llegado.

2. *Gano* antes su perdón siguiendo las ideas del capítulo 5.

(Y *ambos nos estamos esforzando* por conseguir la mejor relación posible. ¡Eso ayuda en gran manera!)

"¿Pero cuándo podré descansar y gozar del fruto de mi labor?" —te preguntas.

¿Recuerdas la historia de la pareja que se separó durante un año hasta que el esposo aprendió a cómo recuperar el afecto de su esposa? (Capítulo 2) Ella no podía vivir con los hábitos perezosos, insensibles, dominantes y egoístas del hombre.

El siguió muchos de los principios que se comparten en este libro durante cinco años después de que se reunieran de nuevo, y ella estaba recobrando un amor romántico y comenzando a florecer. ¡Entonces aquel esposo cometió la *gran equivocación! Se descuidó y quiso una pequeña recompensa por sus años de esfuerzo.* Dio por sentado que ahora podía comenzar a gozar del fruto de su labor: un matrimonio "normal" en el que la mujer se somete y el hombre dirige; y gradualmente volvió a sus viejas costumbres y actitudes: perezosas, insensibles, dominantes y egoístas. Como consecuencia de ello, su esposa comenzó otra vez a perder sus sentimientos de amor por él.

Hoy, el hombre está empezando todo de nuevo. Afortunadamente, esta vez ambos desean un matrimonio mejor y están buscando ayuda por separado.

El construir un matrimonio con éxito es un empeño que dura toda la vida.

¡No te descuides! ¡Nunca supongas que ya has llegado! ¡El orgullo siempre viene antes de la caída! (Proverbios 29:23)

Quizás digas: *"Estoy cansado de comenzar todo una y otra vez.*

Un hombre no podía perseverar, y seguía olvidando algunos de los principios que se comparten en este libro. Su esposa estaba a punto de abandonarle, y nada parecía ser de ayuda, hasta que cierto día le dije:— Jaime, cada vez que dejas de consolarla y cada vez que pierdes los estribos, vuelves al punto de partida en la mente de ella: entonces ella todavía quiere dejarte.

—Ya es bastante —expresó él—. Ni hablar de seguir empezando todo una y otra vez.

Y no lo hizo. Aquel fue el final de sus arranques de ira.

Puede que des grandes zancadas hacia adelante; pero cada vez que resbalas, tu esposa quizás piense que no has cambiado nada. Recuerda, mi esposa necesitó dos años para creerme.

Para meditación personal

1. ¿Cómo se relaciona el secreto de la oración con llegar a ser un esposo más consistentemente amoroso?

    Lucas 11:5–8 —el secreto está en el versículo 8.

    Lucas 18:1–7 —el secreto está en el versículo 5.

2. ¿Cuántas veces debería un esposo perdonar a su esposa y seguir tratando de edificar un matrimonio amoroso? Mateo 18:21, 22

9 780881 131239